ma grande encyclopédie 5+ ans

Première édition publiée par Kingfisher,
une marque de Macmillan Children's Books,
une division de Macmillan Publ. Ltd., Londres,
sous le titre
Your World, A First Encyclopedia

Édition : Miranda Smith et Katie Puckett
Rédaction : John Farndon et Jon Kirkwood
Conseillers : Andrew Kemp et Toby Stark
Illustrations des activités : Gina Suter
Conception graphique : Joanne Brown et John Jamieson

Adaptation française et réalisation :
Télémaque International
en collaboration avec Béatriz Job et Véronique Duthille
et avec les conseils de Jean-Pierre Hatchondo
Responsabilité éditoriale : Véronique Roberty et Lise Corlay

N° d'éditeur : 10194395
ISBN : 978-2-26-140433-9
Dépôt légal : août 2013
Imprimé en Chine

www.rougeetor.fr

ma grande encyclopédie

5+ ans

ROUGE & OR

Sommaire

Dans ton livre

Cette encyclopédie vivante
te donne des informations
sur tout ce qui t'entoure.
Tu y découvriras
des gens, des lieux,
des animaux,
des plantes…
et même ton
propre corps.

Sur certaines pages, tu trouveras une boîte à malice, avec des expériences, des activités et des jeux.
L'index à la fin du livre t'aidera à repérer très vite les mots qui t'intéressent le plus.

Angela Wilkes

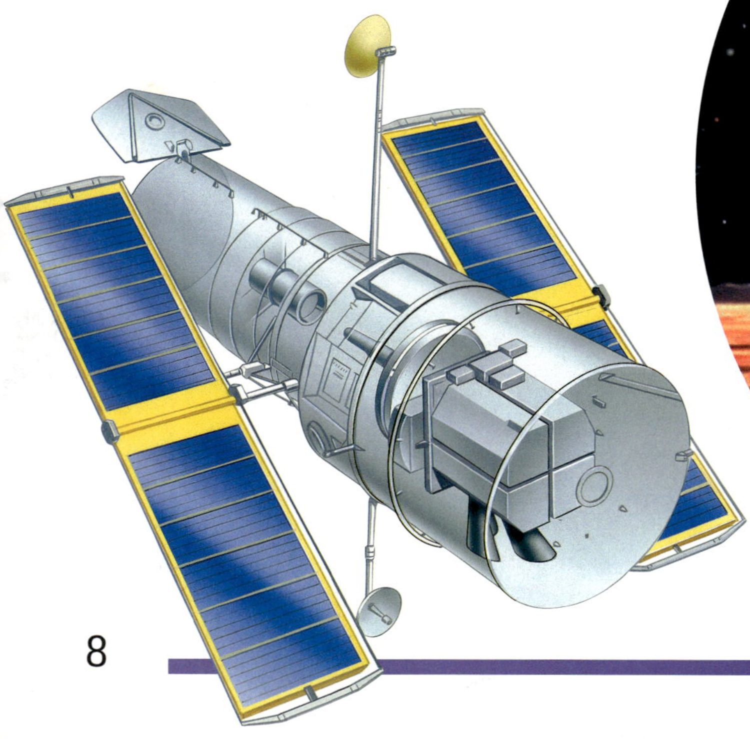

L'univers

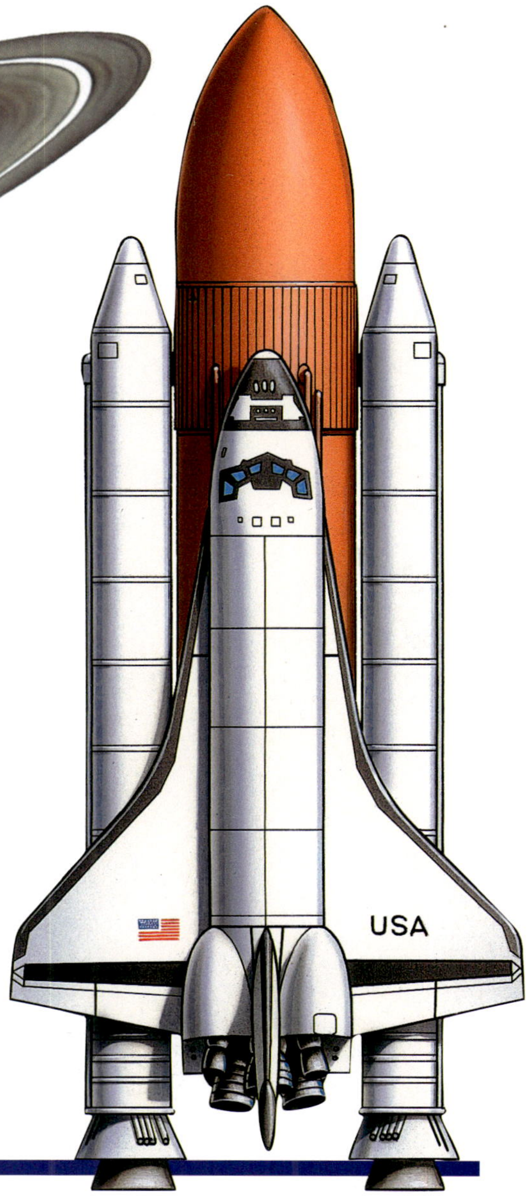

L'univers

L'univers contient tout ce qui existe : la Terre, le Soleil, la Lune et tous les corps qui se trouvent dans l'espace. L'univers est immense. On ne connaît pas sa vraie taille et on ne sait pas non plus quelles sont ses limites.

Une géante rouge peut devenir une super-géante.

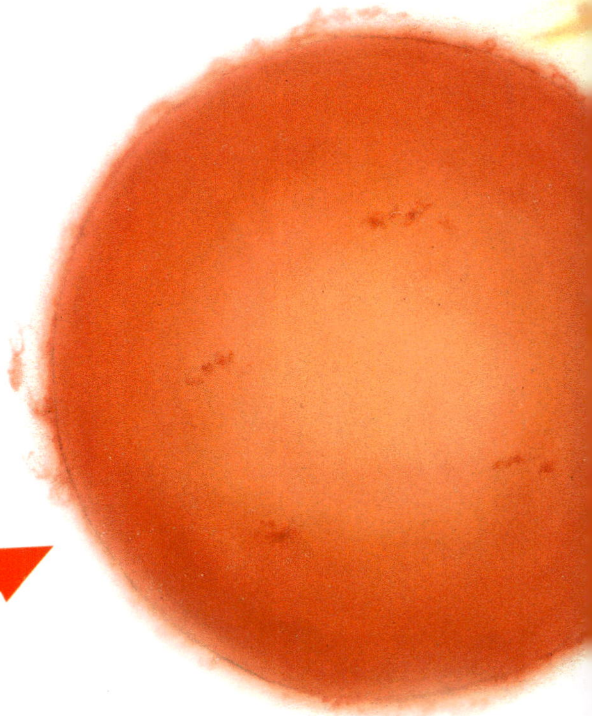

Les milliards d'étoiles de l'univers sont d'immenses boules de gaz bouillonnants. De nouvelles étoiles se forment sans cesse à partir de nuages de gaz et de poussière. Les très vieilles refroidissent et s'éteignent.

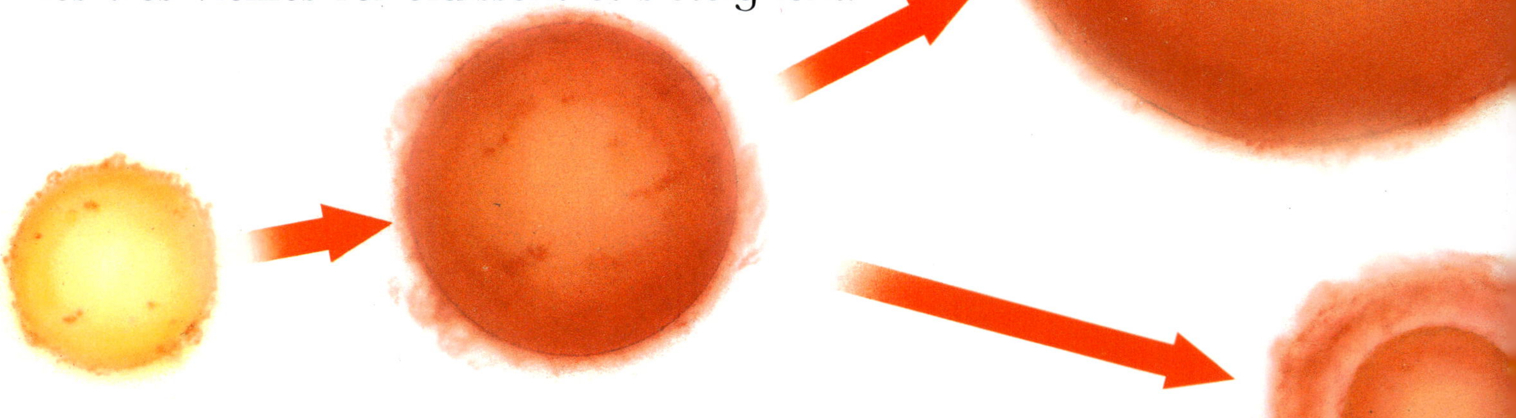

Une étoile brille des milliards d'années.

Puis elle grossit et devient une géante rouge.

Ses couches externes se perdent dans l'espace.

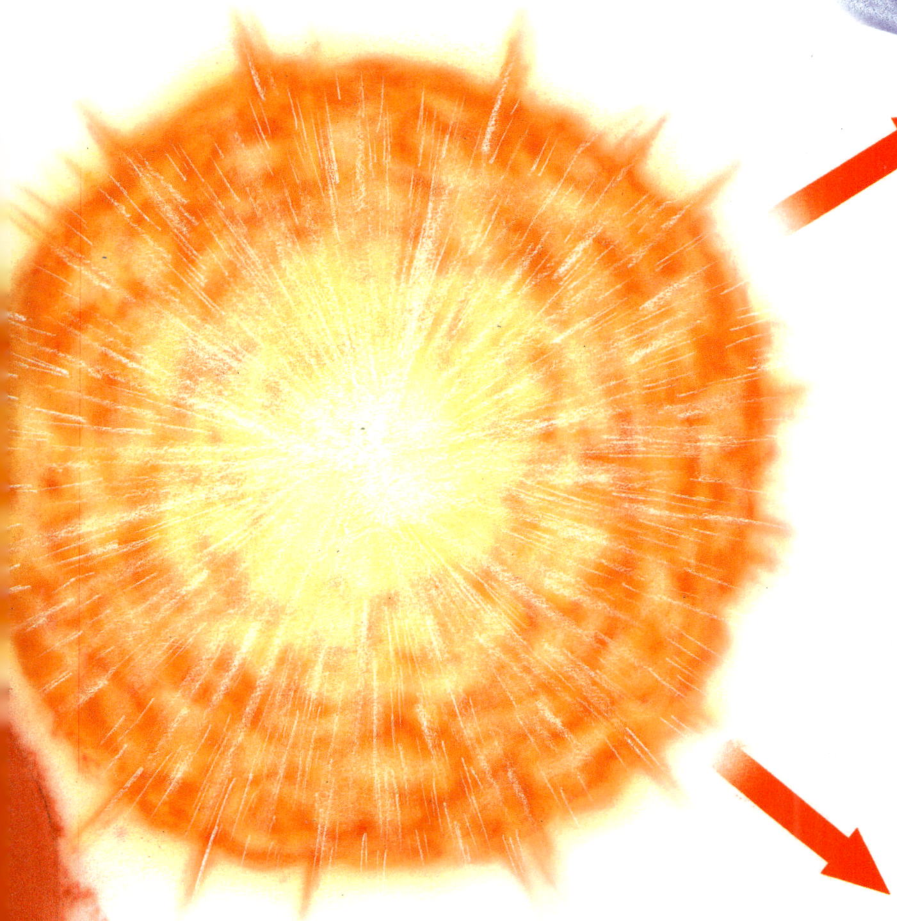

Quand une géante
meurt, l'explosion
qui se produit
est appelée supernova.

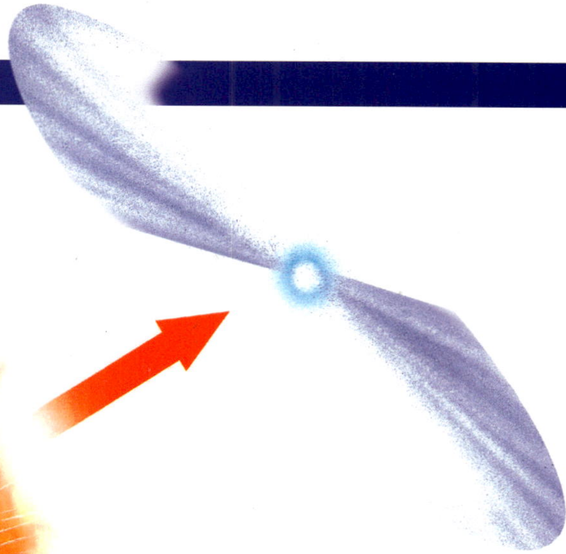

Après une supernova,
il peut rester un petit
morceau brillant
et en mouvement
qu'on appelle pulsar.

Parfois le résultat d'une
supernova est un trou noir,
capable d'engloutir tout
ce qui l'entoure.

Il ne reste que le noyau mort
de l'ancienne étoile, appelé
naine blanche, qui refroidit
peu à peu et se contracte.

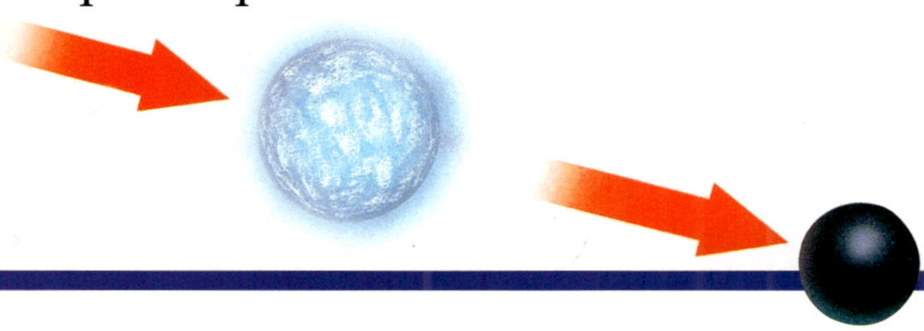

Des millions d'années plus
tard, elle n'est plus qu'une
boule noire et froide.

Ciel de nuit

La nuit, quand le ciel est dégagé, on peut voir plein d'étoiles. Elles sont réunies dans des groupements appelés constellations. Des noms leur ont été donnés jadis afin de mieux les reconnaître.

Les astronomes se servent de télescopes pour voir loin dans l'espace et étudier les étoiles.

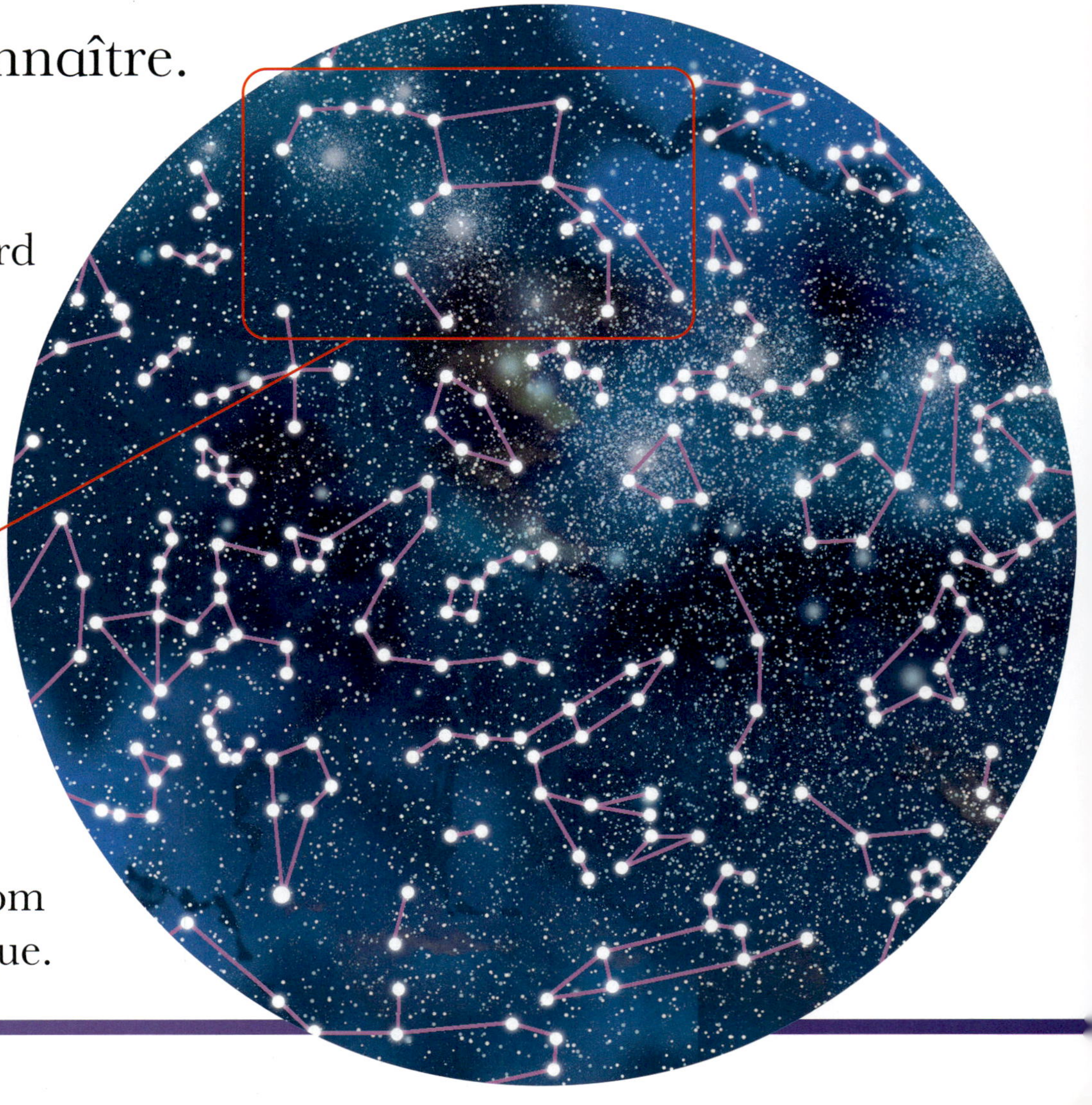

Les habitants de l'hémisphère Nord peuvent voir ce genre de ciel étoilé.

Cette constellation s'appelle Pégase, nom d'un cheval mythique.

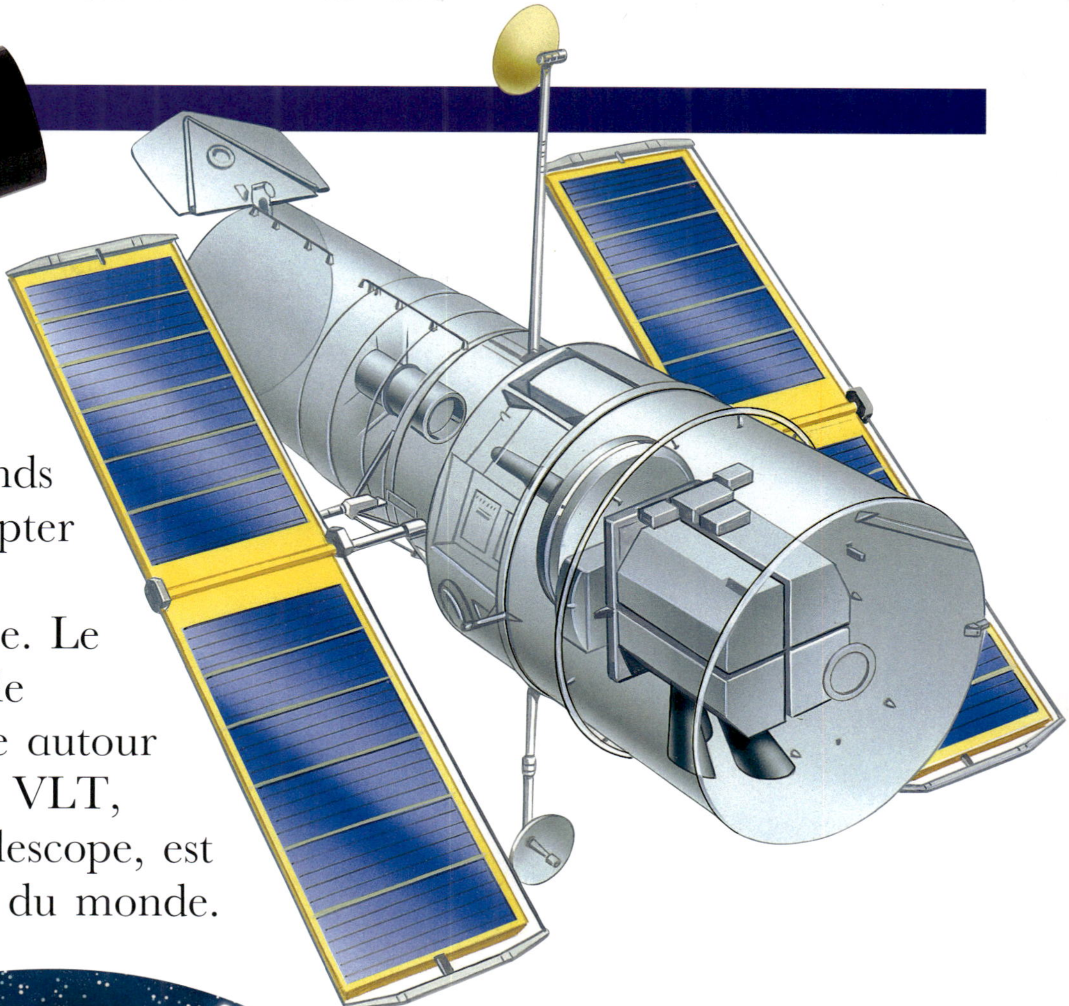

Les télescopes utilisent de grands miroirs pour capter la lumière et observer l'espace. Le télescope Hubble tourne en orbite autour de la Terre. Le VLT, Très Grand Télescope, est le plus puissant du monde.

Les habitants de l'hémisphère Sud ont une voûte céleste différente, avec bien plus d'étoiles très brillantes.

Ce groupe d'étoiles s'appelle la Croix du Sud.

Les galaxies

L'univers se compose de groupes géants d'étoiles : les galaxies. Chaque galaxie compte des milliards d'étoiles. La Terre et le Soleil se trouvent au bord d'une galaxie appelée la Voie lactée.

Quand on regarde le ciel la nuit, on peut voir une bande un peu floue. Elle fait partie de la Voie lactée. Notre galaxie est une spirale gigantesque qui tourne autour d'un grand groupe d'étoiles.

La partie centrale d'une galaxie est appelée noyau.

nouvelles étoiles
en formation

DESSIN DE GALAXIE

Avec un tube de colle, dessine une galaxie en spirale sur du bristol noir et verse des paillettes dessus. Secoue-le un peu pour faire tomber le surplus. Accroche ta galaxie au mur de ta chambre.

Les galaxies ont différentes formes et tailles. Voici les principaux types.

galaxie irrégulière

galaxie elliptique

galaxie en spirale

Le système solaire

Le système solaire est un groupe de planètes, de lunes, de comètes et autres corps célestes qui tourne sans cesse autour du Soleil. Il y a huit planètes dans notre système solaire. Elles sont faites de roche, de liquide, de métal et de gaz.

Les différentes planètes du système solaire sont séparées les unes des autres par des millions de kilomètres. Mercure est la plus proche du Soleil et Neptune est la plus éloignée. Jupiter est la plus grande : elle pourrait contenir toutes les autres planètes.

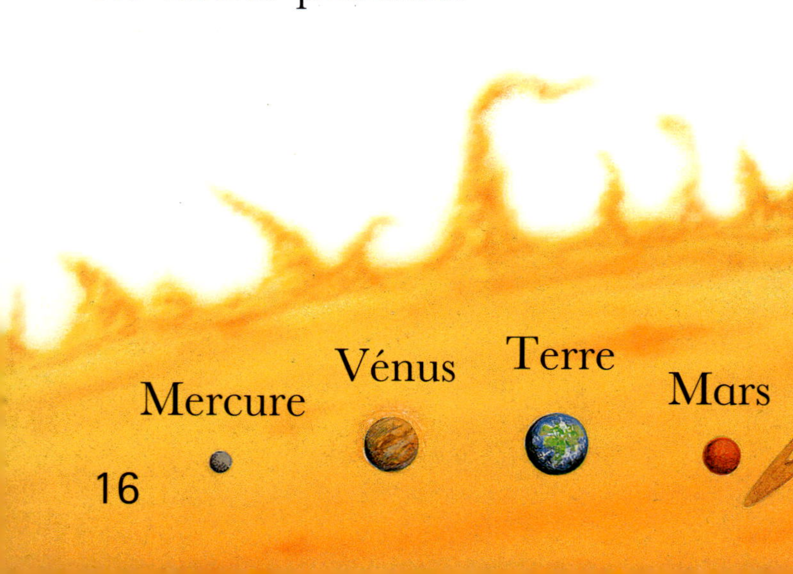

Le Soleil, les planètes et leurs lunes tournent comme des toupies. Les planètes se déplacent aussi autour du Soleil sur une trajectoire appelée orbite.

PLANÉTARIUM

Dessine et colorie le Soleil et les planètes sur un carton, puis découpe-les. Scotche un fil par derrière pour les pendre au plafond. Respecte le bon ordre à partir du Soleil.

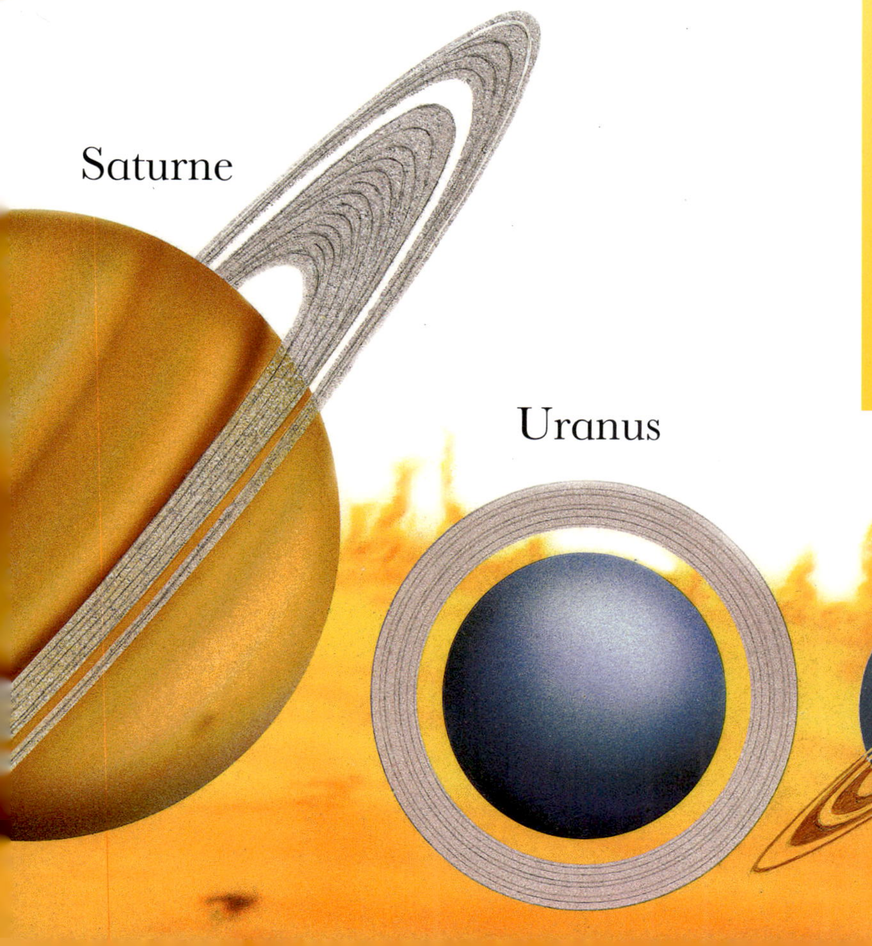

Le Soleil

Le Soleil fait partie des étoiles. C'est une énorme boule de gaz incandescents, des millions de fois plus grande que la Terre. Le Soleil nous fournit la chaleur et la lumière. Sans lui, la Terre serait froide, sombre et dépourvue de vie.

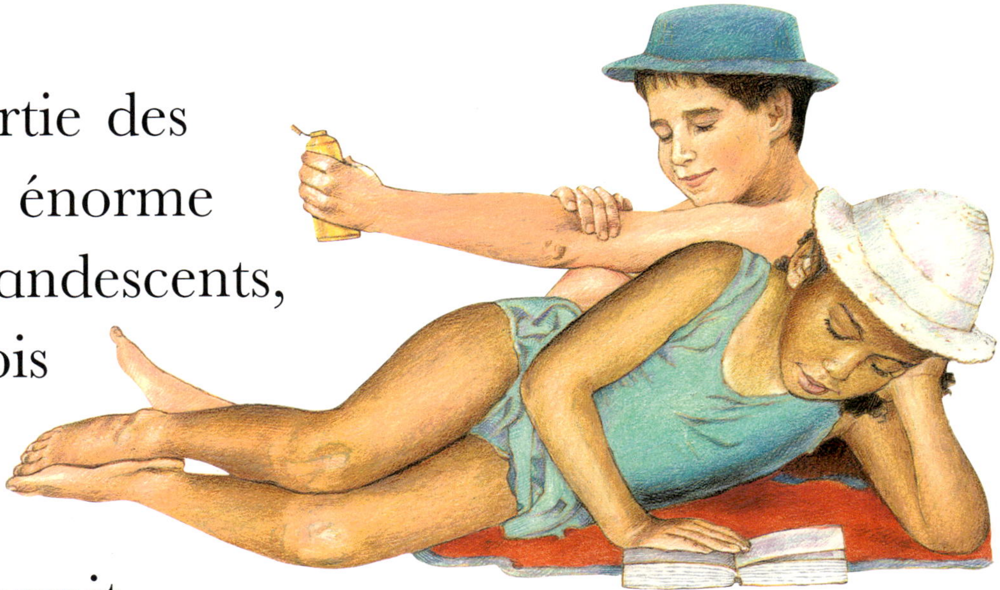

Les rayons du Soleil sont dangereux pour la peau si l'on s'y expose longtemps. Il faut s'en protéger avec des crèmes solaires.

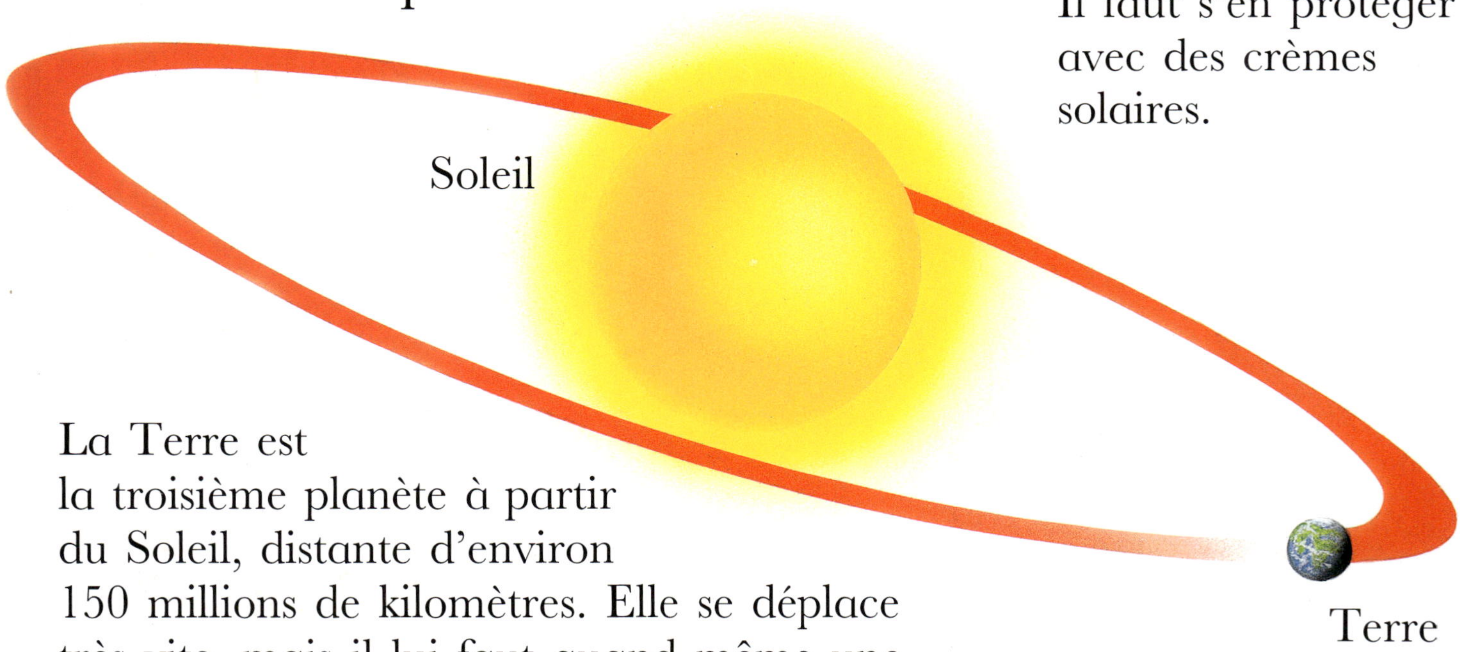

La Terre est la troisième planète à partir du Soleil, distante d'environ 150 millions de kilomètres. Elle se déplace très vite, mais il lui faut quand même une année (365 jours) pour parcourir son orbite.

Le Soleil est principalement constitué d'hydrogène. Sa partie la plus chaude est son noyau. Des gaz très chauds remontent à la surface et forment un halo appelé couronne. Les taches solaires sont plus froides que le reste de la surface du Soleil.

Des jets de gaz sont projetés de la surface du Soleil.

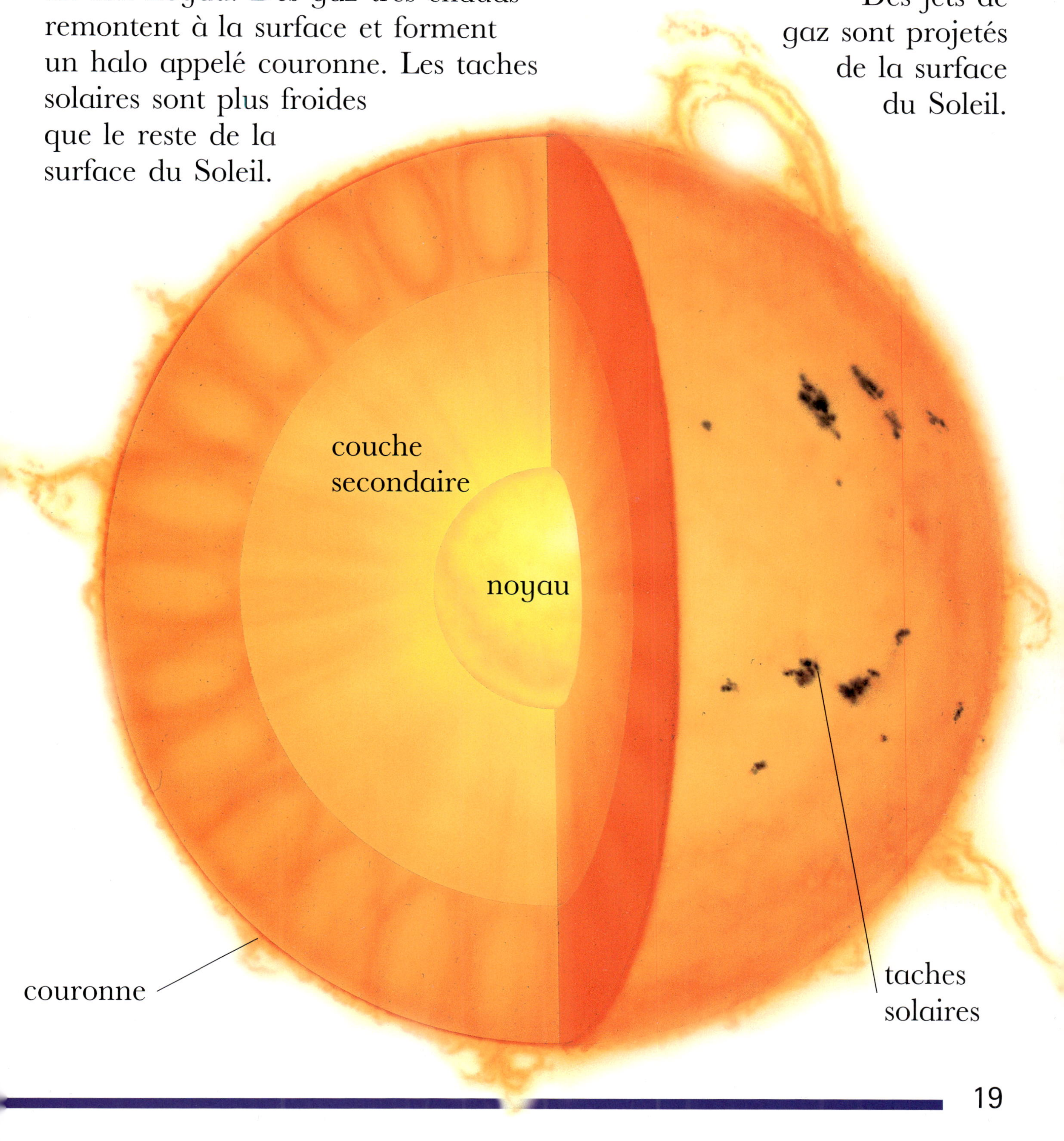

Près du Soleil

Mercure et Vénus sont les planètes les plus proches du Soleil dans le système solaire. Toutes deux sont beaucoup plus chaudes que la Terre. Comme il n'y a pas d'eau, la vie y est impossible.

Mercure pivote très lentement, mais sa course sur orbite est rapide. La partie qui fait face au Soleil est brûlante, mais l'autre est sombre et glacée.

Mercure est aride et rocheuse. Sa surface est comme celle de la Lune : couverte de collines et de cratères.

Vénus a plus ou moins la taille de la Terre. C'est la plus chaude des planètes ; elle est couverte de nuages de gaz toxiques qui retiennent la chaleur du Soleil.

Vénus brille souvent dans le ciel de façon intense, peu après le crépuscule ou juste avant l'aube. Elle semble alors assez proche du Soleil.

La surface de Vénus est plutôt plate, mais avec de vieux volcans et des zones couvertes de lave desséchée. Les scientifiques pensent que certains volcans entrent encore en éruption de temps en temps.

La Terre

La Terre est la planète où nous vivons : une grande boule rocheuse qui tourne dans l'espace. C'est la seule planète qui contient l'eau et l'air permettant la vie des plantes et des animaux, ce qui n'est pas le cas des autres planètes.

Voilà comment on voit la Terre quand on est dans l'espace. Elle est largement recouverte de mer bleue. On distingue les continents en brun et vert, ainsi que les nuages en mouvement.

La Terre tourne sur elle-même en un jour, c'est-à-dire en 24 heures. Il fait jour du côté qui fait face au Soleil, tandis qu'il fait nuit de l'autre côté.

JOUR ET NUIT

Tiens un globe, demande à un ami de l'éclairer, puis fais-le tourner. La lampe torche de ton ami est comme le Soleil. Il fait jour dans la zone éclairée et nuit ailleurs.

L'axe de la Terre est incliné, ce qui fait que les saisons changent selon l'époque de l'année. Ainsi, c'est l'été dans la partie la plus proche du Soleil.

Printemps

Automne

Été

Hiver

La Lune

La Lune est le corps céleste le plus proche de nous. Sa taille représente le quart de celle de la Terre, et il lui faut environ un mois pour en faire le tour. Comme il n'y a pas d'air sur la Lune, rien ne peut y vivre.

La Lune pivote en suivant son orbite, et elle présente toujours la même face à la Terre. Les zones sombres sont des plaines.

La surface de la Lune est rocheuse, poussiéreuse et couverte de cratères. Ces trous ont été formés il y a bien longtemps par des météorites qui se sont écrasées sur son sol.

Nouvelle lune

Premier quartier

Pleine lune

Dernier quartier

Lune descendante

On a l'impression que la Lune change de forme parce qu'on ne voit que la partie éclairée par le Soleil, qui se modifie pendant qu'elle tourne autour de la Terre. Tous les mois, la Lune croît (semble grossir) puis décroît (semble rétrécir).

CALENDRIER

Fabrique un calendrier avec une case pour chaque jour du mois. Dessine la forme de la Lune tous les soirs pendant un mois.

Mars

Mars est la quatrième planète à partir du Soleil. C'est celle qui ressemble le plus à la Terre, mais en plus froide car elle est plus loin du Soleil. Un jour sur Mars est à peu près comme un jour sur la Terre, et il y a aussi des saisons.

Mars est souvent appelée « la planète rouge » car ses roches sont de couleur rouille. Les vents soulèvent une poussière rouge qui lui donne cet aspect rosé.

Mars a deux petits satellites : Phobos et Deimos. Ils ont une forme étrange, comme des pommes de terre bosselées.

Entre Mars et Jupiter se trouve une ceinture composée de millions de toutes petites planètes d'à peine quelques kilomètres de diamètre. On les appelle astéroïdes.

Mars est couverte de volcans et de canyons. Récemment, la NASA a envoyé deux robots sur Mars qui ont rapporté la preuve de l'existence passée de l'eau, et donc peut-être de la vie, sur la planète rouge.

Planètes géantes

Au-delà de la ceinture d'astéroïdes, il y a deux énormes planètes gazeuses : Jupiter et Saturne. Elles sont entourées d'anneaux et de lunes. Jupiter est de loin la plus grande planète du système solaire.

Des nuages glacés couvrent la surface de Jupiter. Les vents les font tourbillonner et ils apparaissent comme des bandeaux colorés.

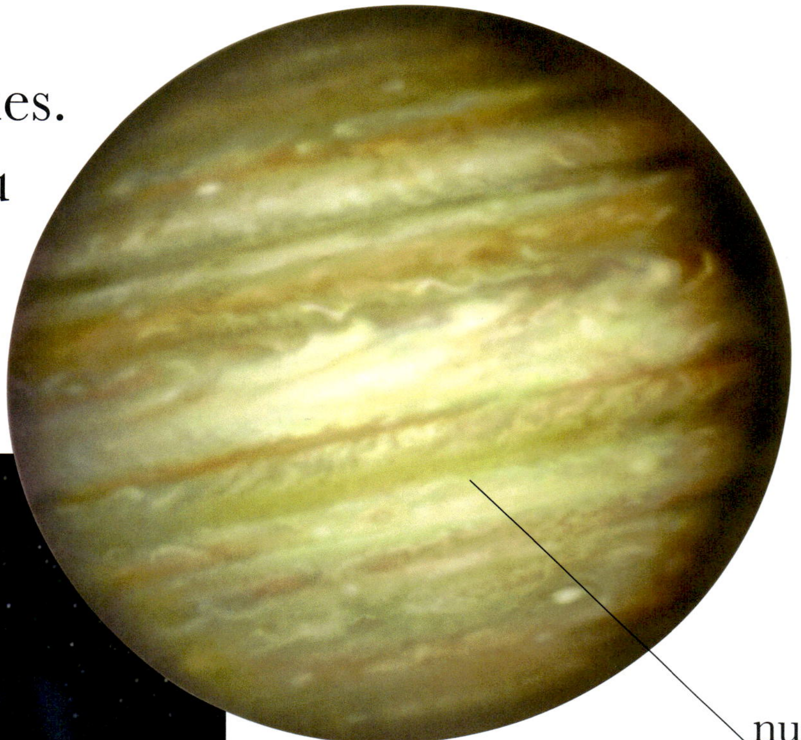

Jupiter a plus de 60 lunes. L'une d'elles, qu'on appelle Io, a des volcans en activité. Sa surface (à gauche) est orange à cause du soufre des volcans.

Saturne est une boule de gaz et de liquides encerclée par près de 60 lunes. La surface de la planète est couverte de nuages tourbillonnants.

Les anneaux de Saturne sont constitués de millions de morceaux de glace scintillants. La plupart sont très petits, mais certains ont un diamètre de plusieurs kilomètres.

FAIS JUPITER

Dans un récipient avec de l'eau, verse un peu de peinture à l'huile rouge et jaune diluée au white spirit. Mélange avec un pinceau et pose dessus un disque en carton. Retire-le, puis laisse sécher Jupiter.

Planètes lointaines

Aux confins du système solaire, il y a deux planètes : Uranus et Neptune. Elles sont si lointaines qu'on ne les voit pas à l'œil nu. Elles sont composées en grande partie de gaz autour d'un cœur de roche et de glace.

Neptune est bleue et possède 13 lunes. La plus grande, Triton, est le corps le plus froid du système solaire. Sa surface gelée est creusée de volcans qui crachent des gaz et de la poussière noire.

Au-delà de Neptune se trouvent les planètes naines, Pluton et Eris, et tout un monde d'astres glacés. Lancée en 2006, la sonde New Horizons *devrait atteindre Pluton et sa lune, Charon, en 2015.*

Uranus est quatre fois plus grande que la Terre. Elle est encerclée par 27 lunes et environ 11 anneaux fins, formés de petites roches.

Étoiles filantes

Dans l'espace, il n'y a pas que des étoiles et des planètes, il y a aussi des météores et des comètes : des morceaux de roche en feu qu'on voit filer à travers le ciel.

Les météores sont couramment appelés « étoiles filantes ». Il s'agit en fait de particules qui s'enflamment au contact de l'air terrestre.

Les fragments de roche qui tombent sur la Terre sont des météorites. Les plus grosses (à droite) font des cratères (à gauche).

Une comète apparaît dans le ciel comme une étoile avec une traîne. Elle se compose de morceaux de glace et de roche en orbite autour du Soleil.

Le Soleil fait fondre la surface de la comète. Un nuage de gaz se forme, qui ressemble à une queue gigantesque.

Conquête spatiale

Pour mieux connaître l'univers, on lance des engins dans l'espace. Les fusées emmènent les satellites, les sondes et les astronautes qui vont étudier les planètes et les lunes. Ils enverront ensuite des informations aux chercheurs restés sur Terre.

Les fusées sont les seuls engins capables de quitter la Terre pour aller dans l'espace. Elles ont plusieurs étages, comportant chacun un moteur, qui se détachent dès que leur carburant est épuisé.

Les sondes spatiales explorent le système solaire, sans avoir besoin d'astronautes à bord. Mariner 10 (ci-dessus) a pris des milliers de photos de Mercure. Aujourd'hui, Messenger continue l'exploration.

vaisseau spatial

TA FUSÉE

Dessine cette fusée sur du carton et découpe-la. Prépare une bande, pliée et collée, comme indiqué : c'est ta rampe de lancement.

Fusées et navettes vont dans l'espace. Ariane lance des satellites et des sondes. La navette est propulsée par deux fusées. Saturne V a conduit les hommes sur la Lune.

Saturne V

navette

Ariane 4

Les astronautes

Les êtres humains ne peuvent pas vivre dans l'espace : il n'y a ni air pour respirer ni force de gravité. Pour que les astronautes puissent rester quelque temps loin de la Terre, il leur faut des conditions de vie adaptées.

station *Mir*

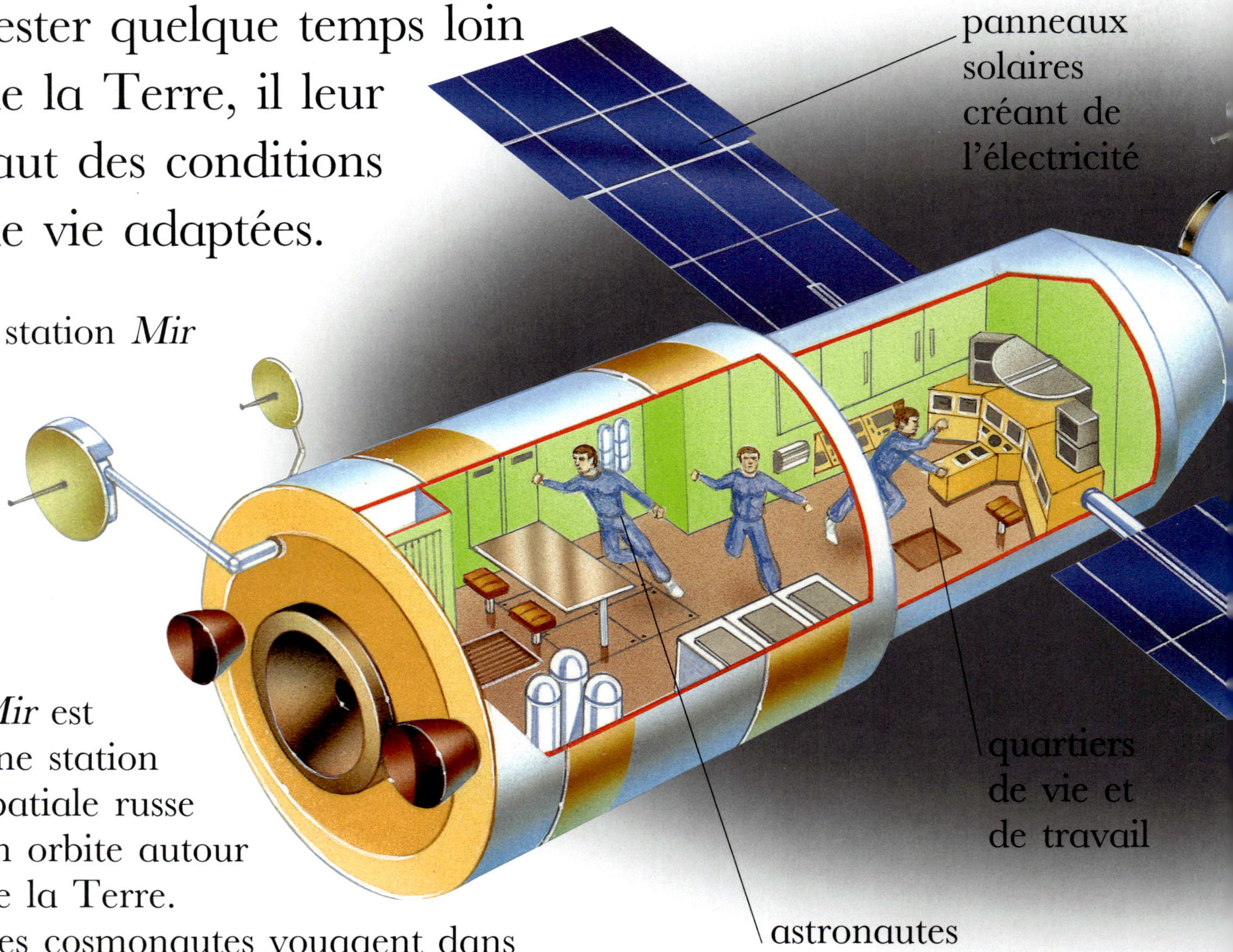

Mir est une station spatiale russe en orbite autour de la Terre. Les cosmonautes voyagent dans un vaisseau spatial qui se connecte à *Mir.* Les provisions sont envoyées à part.

Les astronautes s'attachent dans leurs sacs de couchage pour ne pas flotter en dormant.

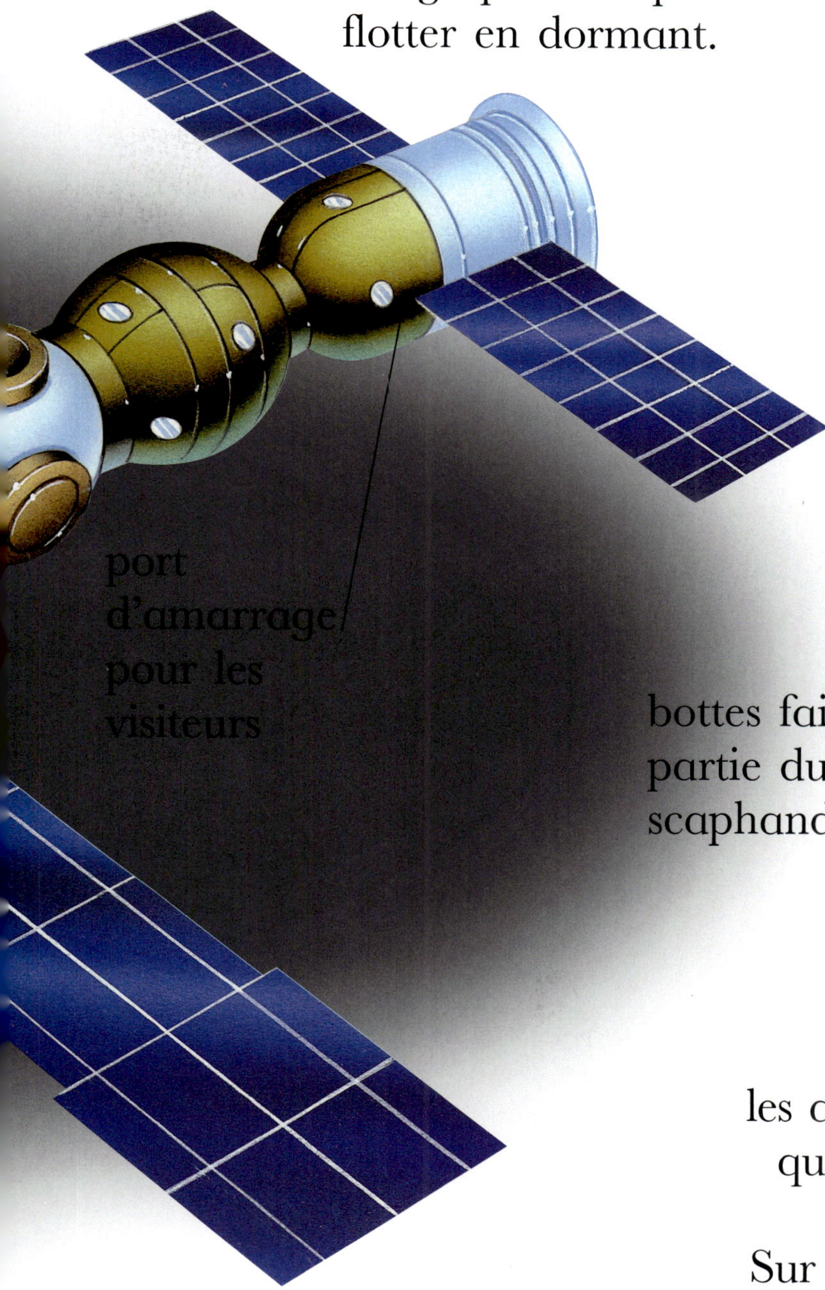

Pour sortir du vaisseau spatial, les astronautes portent des scaphandres qui les protègent et maintiennent leur corps à la bonne température. Sur le dos, ils transportent l'air et l'eau dont ils ont besoin.

La navette

La navette spatiale décolle comme une fusée, mais atterrit comme un planeur à son retour sur Terre. Elle peut donc servir plusieurs fois.

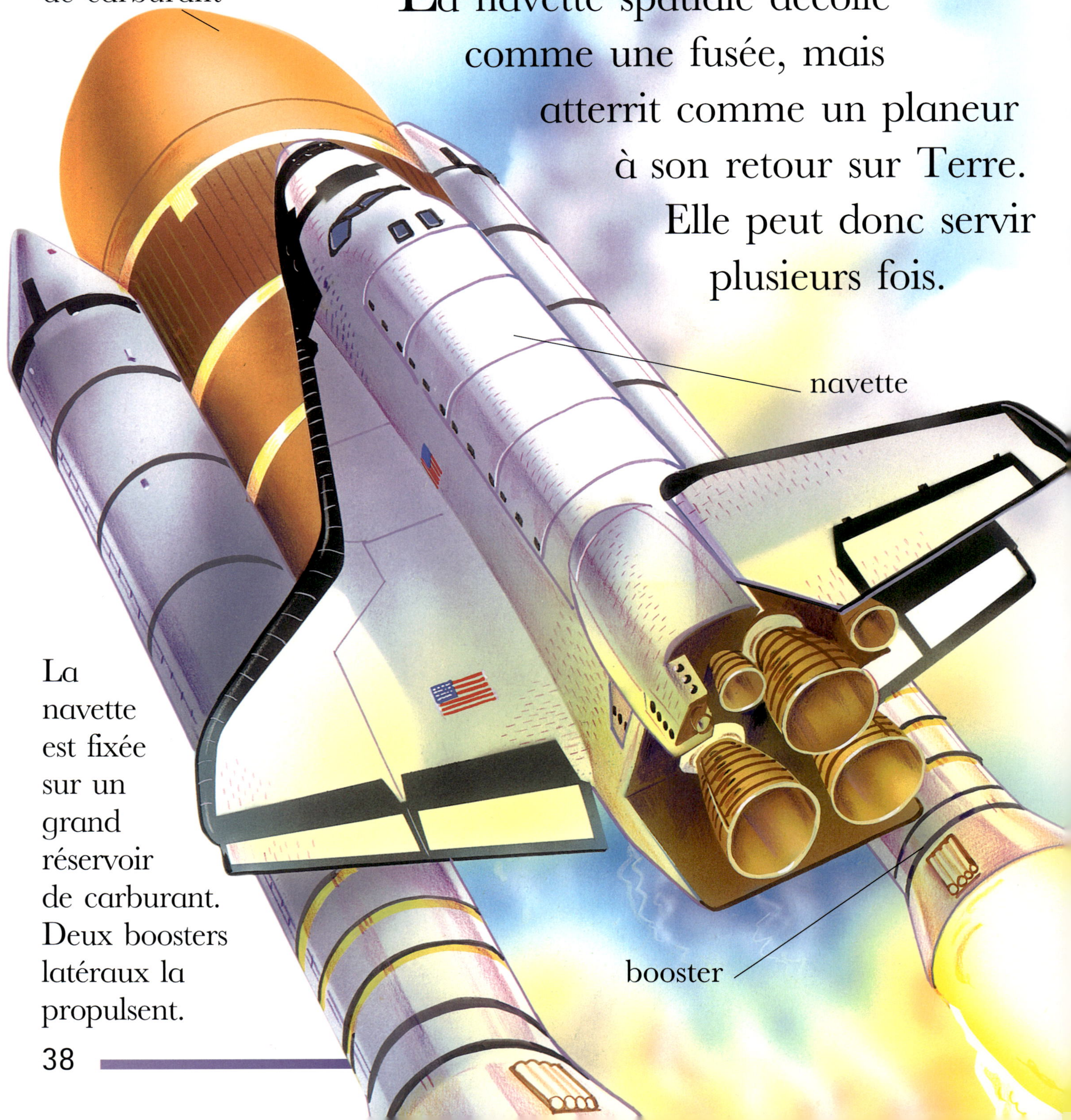

La navette est fixée sur un grand réservoir de carburant. Deux boosters latéraux la propulsent.

La navette est spécialement protégée pour ne pas brûler en revenant vers la Terre.

booster

Après le lancement, les boosters retombent grâce à d'énormes parachutes.

...3, 2, 1, 0 !

Introduis un fil dans une paille et attache-le à deux chaises. Gonfle un ballon, ferme-le avec une pince et fixe-le sous la paille à l'aide d'un ruban adhésif. Lâche la pince et regarde ta fusée filer.

Sur la Terre

Notre planète

Notre Terre est très variée. Déserts brûlants, vastes océans, forêts tropicales, étendues glacées… Chaque partie de la Terre a son propre climat. Les plantes et les animaux s'adaptent à l'endroit où ils vivent.

Les paysages sont un mélange d'éléments naturels, comme les montagnes, et d'éléments créés par l'homme, comme les puits de pétrole.

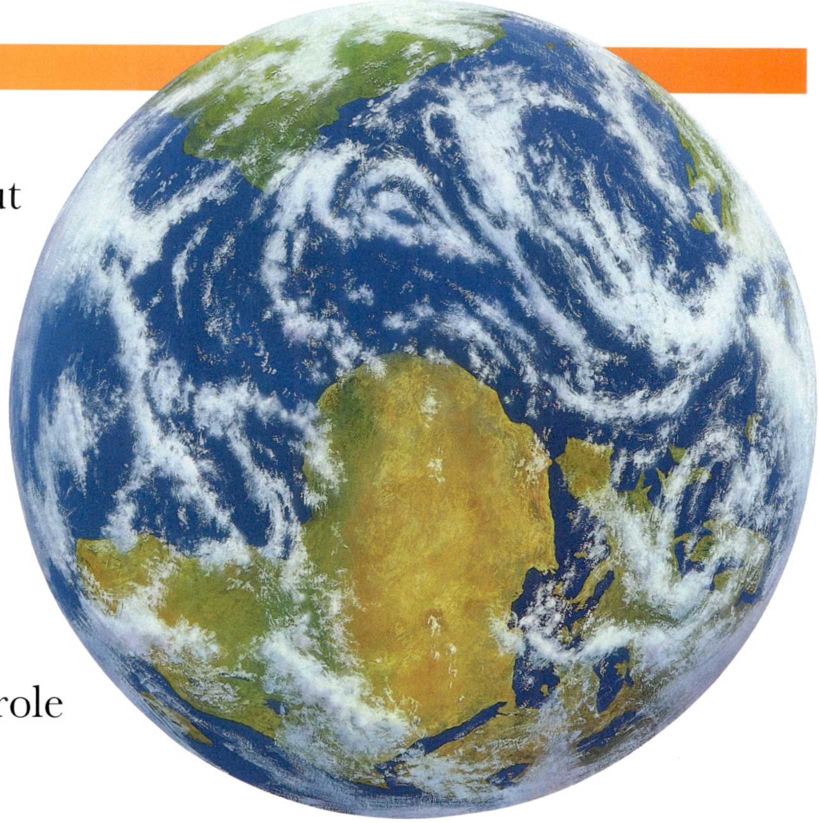

Notre planète est surtout occupée par la mer. Une couche d'air l'entoure tout entière et détermine le temps qu'il fait.

1. Mer
2. Rivière
3. Lac
4. Pluie
5. Cascade
6. Montagne
7. Forêt
8. Puits de pétrole
9. Animaux
10. Ville

Les volcans

Un volcan est une montagne qui explose. Tout au fond de la Terre, les roches sont si chaudes qu'elles fondent. Quand un volcan est en éruption, cette roche fondue est crachée par un trou en haut de la montagne.

Ce chien a été recouvert par la lave d'un volcan à Pompéi, en Italie, en l'an 79 av. J.-C.

ÉRUPTION !

Fais un cône en carton et place un pot dans le trou en haut. Mets-y de la peinture rouge en poudre et du bicarbonate de soude. Verse peu à peu du vinaigre dans le pot, puis observe l'éruption de ton volcan.

La roche fondue et brûlante est appelée « magma » sous terre et « lave » quand elle se répand à l'extérieur.

Pendant une éruption,
la lave brûlante dévale
les flancs du volcan
et détruit tout sur
son passage.
Puis elle refroidit
et redevient
une roche dure.

Les séismes

La croûte terrestre est une sorte de puzzle géant : elle est composée d'énormes pièces qui s'encastrent en bougeant très lentement. Parfois leur mouvement devient plus violent et la terre se met à trembler. C'est ce qu'on appelle un séisme.

Lors d'un séisme, le sol tremble. Il arrive que des bâtiments s'effondrent et qu'il y ait des morts. La plupart du temps, les séismes ne durent que quelques minutes, mais ils causent parfois beaucoup de dégâts.

Un séisme se produit quand des morceaux de la croûte terrestre bougent, frottent les uns contre les autres et poussent dans des directions opposées. Des glissements de terrain se produisent et le sol tremble.

Un séisme peut provoquer
un raz de marée, c'est-à-dire
une vague géante qui s'élève
à des hauteurs vertigineuses
puis s'écrase sur la côte,
détruisant villes
et villages.

Les séismes
peuvent causer
des incendies
quand des
conduites
de gaz
se brisent.

De larges failles s'ouvrent
soudain dans le sol,
avalant les voitures.

Les montagnes

Les montagnes sont les endroits les plus hauts de la Terre, leurs sommets sont parfois cachés par les nuages. Elles peuvent être rocheuses, avec des crêtes et de profondes vallées, ou rondes et peu élevées.

Plus on monte haut dans la montagne, plus il fait froid et plus le vent souffle fort. Au-delà d'une certaine altitude, les arbres ne poussent pas. Certains sommets sont couverts de neige toute l'année.

Les bouquetins ont des sabots adaptés à la montagne, qui leur permettent de grimper sans glisser sur les flancs les plus escarpés.

Les plantes de montagne, comme la gentiane, poussent très près du sol pour ne pas être abîmées par le vent.

Le lièvre variable a un pelage épais, un vrai manteau de fourrure qui lui tient chaud.

L'érosion

Le paysage change sans cesse, mais lentement. Il est modelé par l'eau et le vent. La mer sculpte les falaises et les fleuves creusent les vallées. Même la roche la plus dure s'use ainsi.

L'eau qui coule à travers la pierre finit par créer des grottes avec des stalactites et des stalagmites.

Dans le désert, le vent fait voler le sable, qui érode les rochers, leur donnant parfois des formes étonnantes.

Le Grand Canyon est une gorge gigantesque située aux États-Unis. Il a été formé durant des milliers d'années par le fleuve Colorado, qui a creusé son lit en dénudant progressivement des couches de roche. Plus la couche est profonde dans le canyon, plus elle est ancienne.

Le temps

Le temps change d'un jour à l'autre et d'une saison à l'autre. Il peut faire beau un jour et pleuvoir le lendemain. Si le soleil brille pendant qu'il pleut, on peut voir un arc-en-ciel. Le temps varie aussi d'un continent à l'autre. Dans certains endroits il fait toujours chaud et dans d'autres, toujours froid.

Les éclairs sont d'énormes décharges électriques qui passent entre les nuages d'orage et le sol. Le tonnerre est le bruit que produit l'éclair.

Les couleurs de l'arc-en-ciel apparaissent toujours dans le même ordre : rouge, orange, jaune, vert, bleu, indigo et violet.

Les nuages sont faits de millions de gouttelettes d'eau. Certains sont signe de beau temps, d'autres annoncent la pluie.

SCHÉMA DU TEMPS

Trace une grille sur une grande feuille de papier et note les jours de la semaine. Observe le temps jour après jour et dessine un symbole dans chaque case de ton tableau.

Dans certains pays, il y a des orages violents appelés tornades. Une sorte d'entonnoir de nuages noirs tourbillonne en avançant au-dessus du sol, causant de terribles dégâts. Des vents très rapides soufflent autour du cœur de la tornade qui, lui, reste au calme.

Le cycle de l'eau

L'air est plein de vapeur d'eau, des gouttelettes invisibles à l'œil nu. La pluie ne vient pas que du ciel, elle vient aussi de toute l'eau qui nous entoure. La quantité d'eau sur la Terre est toujours la même, mais elle change de place et de forme.

Quand la chaleur du soleil chauffe l'eau, celle-ci paraît se dessécher. En réalité, elle remonte dans l'air sous forme de vapeur d'eau. Puis elle refroidit et, dans les nuages, se transforme en gouttes. Ensuite il pleut.

Quand il fait froid, il neige au lieu de pleuvoir. Les gouttes d'eau dans les nuages deviennent des petits cristaux formant des flocons de neige. Ces flocons ne sont jamais tout à fait identiques.

L'eau des nuages retombe sous forme de pluie, grêle ou neige.

L'eau de pluie ruisselle vers les rivières et retourne à la mer.

TEMPÊTE DE NEIGE

Cherche un pot avec un bon couvercle. Colle des décorations de gâteau derrière le couvercle. Remplis d'eau le pot, ajoute des paillettes et ferme bien le couvercle. Secoue le pot, puis retourne-le.

La vie du fleuve

Un fleuve commence sa vie dans la montagne. Des ruisseaux d'eau de pluie descendent vers la vallée et se réunissent pour former une rivière, qui grossit et se dirige vers la mer.

Un fleuve fournit de la nourriture à divers êtres vivants. Il y a plein de poissons, comme ce saumon.

Une rivière évolue sans cesse. D'abord ruisseau, elle commence sa vie dans une source. Avant d'atteindre la mer, elle est devenue un fleuve qui coule lentement.

Des roseaux poussent le long des rivières.

Quand une rivière tombe de façon abrupte le long des rochers, elle forme des chutes d'eau d'une grande puissance.

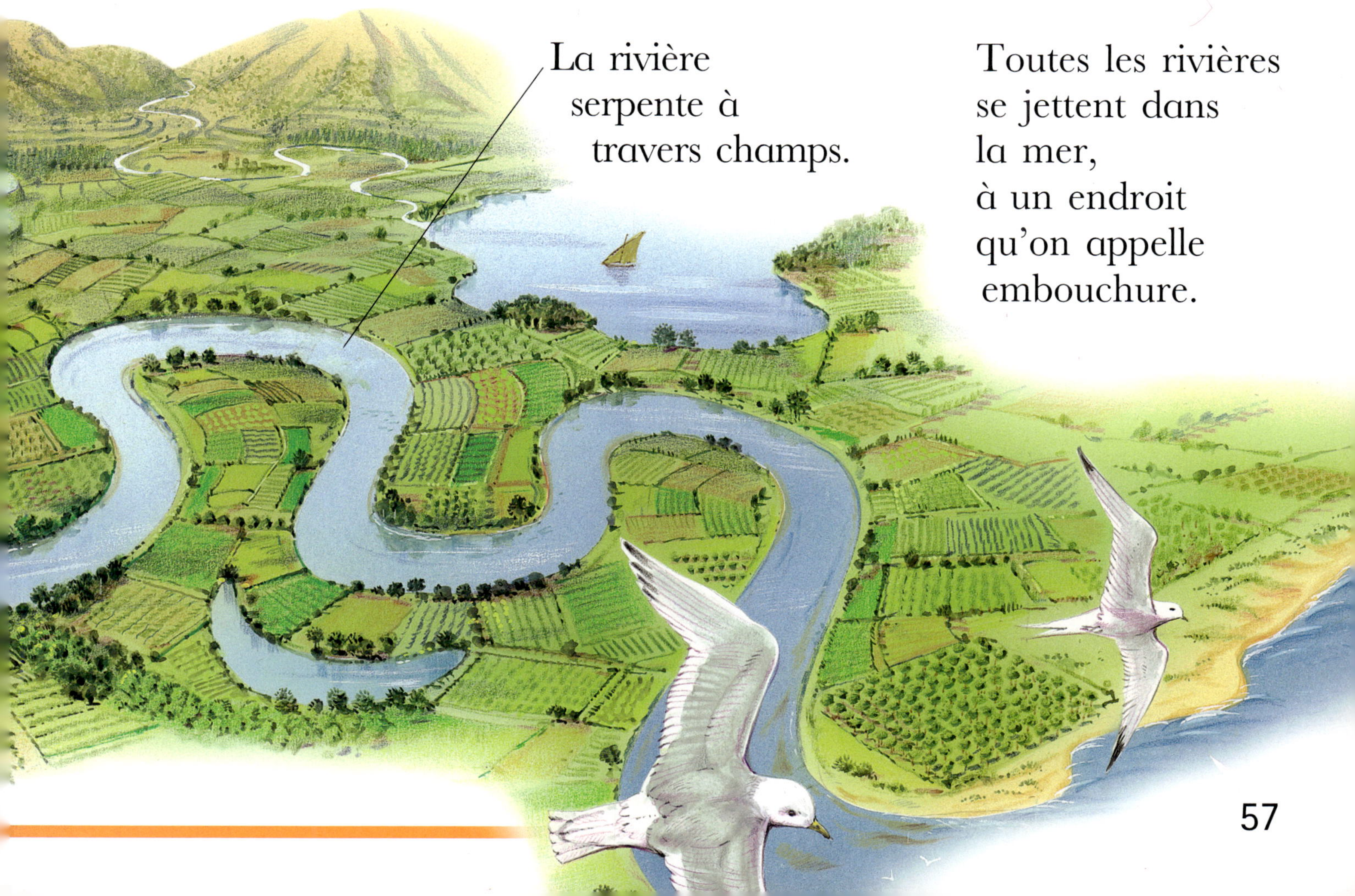

La rivière serpente à travers champs.

Toutes les rivières se jettent dans la mer, à un endroit qu'on appelle embouchure.

Les marécages

Les marécages et les marais sont des terres humides, proches des rivières ou de la mer. Certains ressemblent à des lacs avec des îlots. D'autres, couverts de roseaux, ont l'air de pâturages.

1. Racines de manglier
2. Raton laveur
3. Tortue d'eau douce
4. Spatule rose
5. Alligator
6. Tarpon
7. Papillon zébré
8. Pic
9. Serpent vert
10. Rainette

Les marécages abritent beaucoup d'oiseaux et de bêtes exotiques. Les racines d'arbres et les roseaux leur servent d'abri, et ils se nourrissent des poissons qui vivent dans l'eau.

LIBELLULE

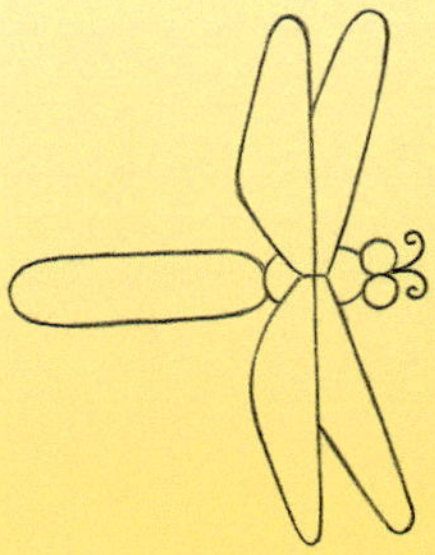

Modèle

Recopie ce modèle de libellule sur une grande feuille. Colle des petits papiers colorés sur son corps. Pour les yeux et les antennes, sers-toi de boutons et de cure-pipes.

Les forêts

Les forêts se trouvent dans des zones où il ne fait ni trop chaud ni trop froid. L'été, la forêt est verte et ombragée, mais l'hiver, après la chute des feuilles, elle paraît toute nue. Dans les bois vivent de nombreuses espèces d'animaux.

La cime des arbres abrite des oiseaux et des écureuils. Les blaireaux et les renards creusent des terriers. Les cerfs et les sangliers se cachent dans les buissons.

1. Renard
2. Geai
3. Sanglier
4. Porc-épic
5. Épervier
6. Écureuil gris
7. Cerf rouge
8. Papillon des bois
9. Blaireau
10. Pic épeiche

La forêt vierge

Dans les pays où il n'y a pas de saisons, où il fait chaud toute l'année et où il pleut presque chaque jour, on trouve des forêts vierges. Les plantes et les animaux y sont bien plus nombreux que partout ailleurs.

Perroquets perchés à la cime des arbres.

Les arbres de la forêt vierge sont énormes parce qu'il pleut beaucoup. Leurs cimes sont très ensoleillées et forment la canopée : une toiture dense qui pousse en épaisseur et maintient dans l'ombre le sol en dessous. Les fleurs et les fruits s'y développent.

Des animaux comme ce galago sortent la nuit pour chercher leur nourriture.

Le tigre est un grand carnivore qui vit dans la forêt vierge.

Cherche les images correspondant aux mots ci-dessous.

1. Liane
2. Gibbon
3. Pipa
4. Champignons
5. Ara
6. Papillons
7. Fourmis amazones
8. Toucan

Les prairies

On trouve un peu partout dans le monde de grandes plaines herbeuses, les prairies. Après la pluie, l'herbe est verte, mais la plupart du temps, elle est desséchée. Il n'y pleut pas assez souvent pour que les arbres poussent.

La savane africaine est faite de grandes plaines, avec des arbustes épineux et peu d'arbres. De nombreux animaux sauvages y vivent, toujours à la recherche d'eau et d'herbe fraîche.

Dans la Grande Prairie d'Amérique du Nord, des mammifères qu'on appelle chiens de prairie creusent le sol pour installer leurs grands terriers. Chaque entrée est gardée.

1. Gazelles
2. Girafes
3. Zèbre
4. Éléphant
5. Lionne et lionceau
6. Élan (antilope)

Les déserts

Les déserts sont les endroits les plus secs de la Terre. Il n'y pleut presque jamais. Les journées sont torrides et les nuits glaciales. Certains sont froids tout le temps. Quelques plantes et animaux étonnants vivent dans le désert.

1. Chouette
2. Pic du désert
3. Cactus cierge
4. Scinque

Le chameau peut vivre des jours sans manger ni boire : ses bosses sont une réserve d'eau. Grâce à ses pattes plates, il marche bien sur le sable, et ses longs cils protègent ses yeux.

Les déserts américains sont arides. On y trouve des cactus qui emmagasinent l'eau dans leurs grosses tiges.

Les déserts de sable sont creusés de dunes formées par les vents. Il n'y a aucune végétation en dehors des oasis, où l'eau surgit d'une source profonde.

TON DÉSERT

Dessine un désert à l'aide d'un tube de colle sur un grand bristol. Verse du sable dessus, puis fais tomber le surplus et admire ton tableau.

5. Crotale
6. Coucou terrestre
7. Gerboise
8. Fennec

Terres polaires

Le pôle Nord et le pôle Sud se trouvent au sommet et à la base de la Terre. Tout y est gelé. Les terres et la mer sont couvertes de neige et de glace à longueur d'année.

Le renne vit dans l'Arctique, la zone qui entoure le pôle Nord. Il creuse la neige pour manger le lichen qui est dessous. L'hiver, il descend vers le sud à la recherche de nourriture.

Les manchots élèvent leurs petits sur la mer gelée, près du pôle Sud.

L'hiver, le pelage du lièvre variable devient blanc.

L'ours
polaire est
le plus grand
carnivore de l'Arctique.
Son épais pelage huilé lui tient bien chaud.
Bon nageur, il chasse les phoques
sous la glace, ou les guette près des trous
quand ils remontent pour respirer.

Sauver la planète

De nombreux problèmes menacent notre planète. L'air et la mer deviennent pollués. Des plantes et des animaux disparaissent. Les carburants naturels, comme le gaz, le charbon et le pétrole, s'épuisent.

La fumée des usines et des voitures pollue l'air. Les gaz nocifs montent dans les nuages et retombent sous forme de pluies acides qui abîment la nature.

Les chercheurs mettent au point des énergies non polluantes, telles que l'énergie du soleil ou du vent, pour produire de l'électricité.

voiture électrique
à énergie solaire

RECYCLAGE

Trie les ordures chez toi, en séparant papiers, boîtes et bouteilles. Puis dépose-les dans les conteneurs correspondants.

On détruit l'environnement de certains animaux, on en chasse d'autres de façon massive. C'est ainsi que la baleine à bosse a presque disparu.

baleine
à bosse

Préhistoire

Traces du passé

Les chercheurs découvrent l'histoire de la Terre en étudiant les pierres, ainsi que les restes des plantes et animaux d'autrefois devenus fossiles. Ce sont les clés pour comprendre la vie sur Terre il y a des millions d'années.

tricératops herbivore

Personne n'a jamais vu de dinosaure. On sait à quoi ils ressemblaient grâce aux fossiles formés après des milliers d'années : des parties d'os et de dents que les chercheurs trouvent et assemblent comme un puzzle.

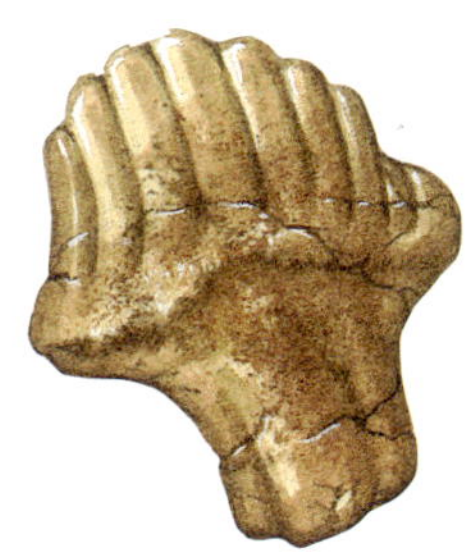

dents plates d'un dinosaure herbivore

tyrannosaure carnivore

dents pointues d'un carnivore

fossile
de fougère

fougères

prêles

Le fossile imprimé dans la pierre témoigne d'une fougère vieille de plusieurs millions d'années. Elle ressemble pourtant aux fougères qui poussent aujourd'hui. On a aussi trouvé des calamites, fossiles des prêles actuelles.

FAIS UN FOSSILE

Prépare un carré de pâte à modeler. Prends l'empreinte d'une feuille en appuyant très fort. Retire la feuille et enterre bien ce moule dans du sable sec. Dégage ensuite le sable pour découvrir ton fossile.

Il y a des millions d'années, des crustacés appelés ammonites vivaient dans la mer. Ils furent enfouis dans le sable. Tandis que plusieurs couches de vase les recouvraient, les ammonites se fossilisèrent peu à peu.

fossile
d'ammonite

Évolution

La Terre existe depuis des millions d'années. Elle évolue très lentement. Les plantes et les animaux qui l'habitent font de même, afin de s'adapter aux nouvelles conditions de vie. C'est ce qu'on appelle l'évolution.

Le tout premier poisson apparut il y a 500 millions d'années.

Il y a environ 395 millions d'années, les amphibiens quittèrent la mer pour la terre ferme.

La plupart des animaux actuels n'existaient pas autrefois. Ceux de la préhistoire n'existent plus de nos jours. Les premiers êtres vivants, plantes et animaux, étaient tout petits et vivaient dans la mer. Aujourd'hui, il y a des animaux et des plantes partout, dans tous les coins de la planète.

Une espèce animale peut disparaître si son environnement est perturbé. Le dodo, un gros oiseau de l'île Maurice, ne volait pas. Les marins hollandais arrivés sur l'île ont tant chassé les dodos qu'ils n'existent plus.

Dinosaures et autres reptiles vécurent entre 225 et 65 millions d'années avant notre ère.

Après la disparition des dinosaures, il y eut plus de mammifères. Plutôt petits au début, ils évoluèrent, devenant de plus en plus grands.

Le premier humain est apparu il y a environ 2 millions d'années, suite à l'évolution de créatures proches des grands singes.

Au tout début

Les premiers êtres vivants, plantes et animaux, sont apparus dans la mer. Ils étaient minuscules. Les animaux avaient un corps mou, comme celui des méduses et des vers. Il y eut ensuite des bêtes à carapace, puis les premiers poissons.

Il y a 450 millions d'années, les créatures marines vivaient autour des récifs de corail. Elles se déplaçaient au fond des mers à la recherche de nourriture.

1. Trilobite
2. Brachiopodes
3. Graptolites

Le poisson fut le premier animal vertébré. Le duncléostéus était un carnassier géant, muni d'énormes dents aiguisées.

4. Scorpion de mer
5. Corail
6. Escargot de mer
7. Crinoïde
8. Nautiloïde

COQUILLE

Recopie la coquille ci-dessous sur du papier blanc et avec un crayon-cire blanc. Recouvre le papier de peinture bleu-vert.

L'image de ta coquille apparaîtra grâce aux traits tracés avec ton crayon blanc.

Hors de l'eau

Il y a 400 millions d'années, les plantes commencèrent à pousser hors de l'eau. Alors certains poissons sortirent aussi de l'eau, en se traînant sur leurs grosses nageoires. Bientôt, ces amphibiens vécurent sur terre, ne retournant dans l'eau que pour déposer leurs œufs.

Il y a 360 millions d'années, des petits poissons quittèrent les marécages. Sur la rive, on peut voir un amphibien appelé ichtyostégalien, l'un des premiers animaux à quatre pattes, mais encore palmées. Il avait toujours sa queue de poisson.

1. Ichtyostégalien
2. Méganeura
3. Rhipidistien
4. Eusthénoptéron
5. Prêles

Le dimétrodon fut l'un des premiers reptiles à vivre sur terre. Une grande voile en peau se dressait sur son dos.

FAIS UN PALMIER

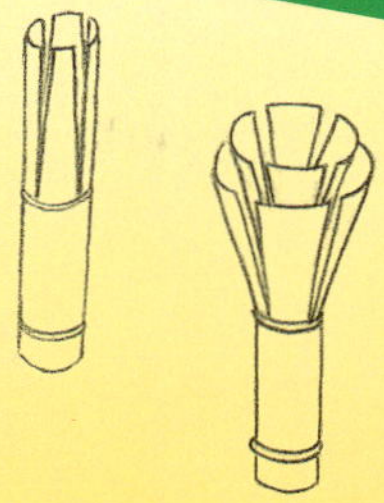

Roule un journal et fais-le tenir par deux élastiques. Sur le tiers du haut, coupe quatre fois et abaisse les bandes.

Les dinosaures

Les dinosaures sont apparus il y a 225 millions d'années. Certains étaient énormes, les plus imposants animaux qui aient jamais habité notre planète. D'autres n'étaient pas plus grands qu'un poulet.
Ils disparurent tous il y a 65 millions d'années.

Les dinosaures pondaient des œufs et avaient des écailles, comme les reptiles. Il y avait des herbivores et des carnivores ; tous vivaient près des premiers oiseaux et des insectes.

Les dinosaures vivaient surtout au bord des marais.

1. Stégosaure
2. Apatosaure
3. Déinosuchus
4. Allosaure
5. Archéoptéryx

Herbivores

Les plus grands dinosaures étaient herbivores. Ils avaient un corps massif, un long cou et une longue queue. Ces géants vivaient en bandes, circulant à la recherche de nourriture. Comme les girafes actuelles, ils broutaient les feuilles au sommet des arbres.

Du temps des dinosaures, il faisait chaud et humide. Il y avait des arbres à feuilles persistantes et d'énormes fougères. Les herbivores arrachaient les feuilles, les racines et les pommes de pin avec leurs dents pointues.

1. Brachiosaure
2. Apatosaure
3. Diplodocus

Certains dinosaures herbivores avaient une apparence étrange, comme le parasaurolophus : il avait une bouche en forme de bec et sur la tête une crête osseuse dans laquelle il soufflait en produisant un son.

CARTE POSTALE

Dessine et colorie un dinosaure sur une longue carte rectangulaire. Ecris ton message au dos. Plie ta carte postale en accordéon et mets-la sous enveloppe.

Carnivores

Certains dinosaures mangeaient des animaux, y compris d'autres dinosaures. Ils étaient très féroces et couraient très vite après leurs proies, seuls ou en bande.

Le tyrannosaure était le plus grand des carnivores. Il avait de larges mâchoires et des dents tranchantes pour découper les chairs.

Les carnivores avaient souvent des griffes puissantes pour mieux déchirer leurs proies.

Le dinosaure carnivore ne mangeait pas quotidiennement. Une seule proie lui suffisait pour plusieurs jours. Certains ne chassaient pas du tout, se contentant des cadavres d'animaux qu'ils trouvaient.

L'afrovénator dévorait des dinosaures herbivores.

Les batailles

Les dinosaures herbivores étaient lents, il ne pouvaient pas fuir devant un carnivore affamé. Parfois ils se regroupaient pour résister. Certains avaient la peau épaisse comme une armure et des cornes pour faire peur.

Le déinonychus était un petit carnivore très rapide. Son nom signifie « griffe terrible », car il portait de longues griffes recourbées au bout des pattes arrière. Trop petit pour attaquer seul un herbivore, il chassait en bande, afin d'immobiliser et de tuer la victime à coups de griffes et de dents.

Le tricératops portait des cornes sur le nez et au-dessus des yeux. Sa large collerette osseuse et sa peau épaisse et dure comme du cuir lui servaient aussi de protection.

Ce dinosaure cuirassé s'appelle un euoplocéphalus. Il avait des pointes osseuses et des piquants le long du dos, et une masse au bout de la queue.

FAIS-TOI UN MASQUE

Dessine une tête de tricératops sur un carton. Fais aussi son nez et ses cornes et colle-les sur le masque.

Attache un élastique par deux trous percés sur les côtés de ton masque.

Les petits

Les petits des dinosaures sortaient d'un œuf, comme les reptiles de nos jours. La mère creusait un énorme nid dans la terre, où elle pondait environ 20 œufs. En 1984, on découvrit plus de 20 nids de maiasaure sur la « montagne aux Œufs », aux États-Unis.

œufs de dinosaure

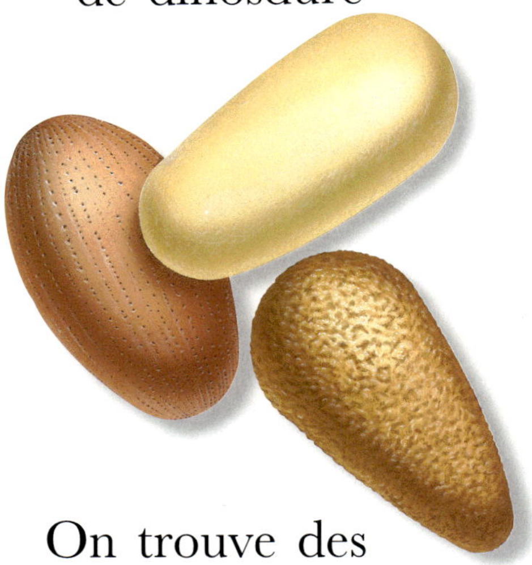

On trouve des fossiles d'œufs de dinosaure de différentes formes et tailles.

Quand un troupeau de diplodocus se mettait en route, les petits étaient placés au milieu des grands pour être protégés.

Quand les bébés maiasaures naissaient, leur mère leur apportait des jeunes pousses à manger. Quelques semaines plus tard, ils se débrouillaient seuls.

Ce bébé dinosaure est enroulé à l'intérieur de son œuf.

Géants de la mer

Pendant que les dinosaures dominaient à la surface, d'autres reptiles vivaient dans la mer. Des sortes de dauphins qui nageaient très vite, des lézards marins, des animaux géants au long cou et aux énormes nageoires.

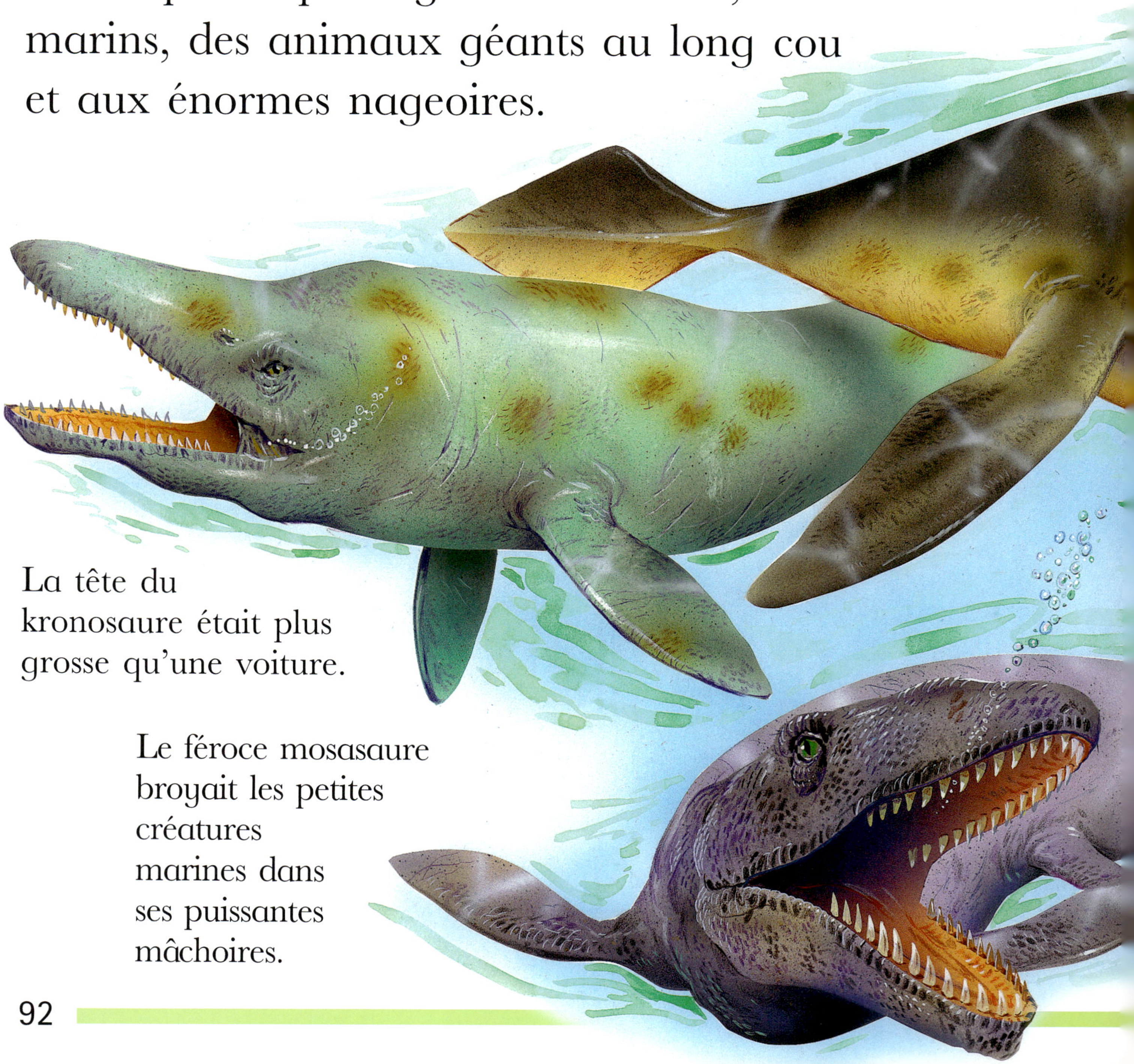

La tête du kronosaure était plus grosse qu'une voiture.

Le féroce mosasaure broyait les petites créatures marines dans ses puissantes mâchoires.

L'élasmosaure avait un cou long comme un serpent. Il nageait en gardant toujours la tête hors de l'eau.

L'ichtyosaure ressemblait aux dauphins actuels. Bon nageur, il chassait en eaux profondes les poissons et les petites créatures marines.

Le téléosaure était un crocodile marin. Il était prompt à happer les poissons dans sa gueule armée de dents tranchantes.

Voler

Les premiers êtres volants furent les insectes, il y a 300 millions d'années. Puis des reptiles, qu'on appelle ptérosauriens, se lancèrent dans les airs, au-dessus des dinosaures restés à terre.

L'archéoptéryx, mi-dinosaure mi-oiseau, fut le premier animal à plumes. On ne sait pas s'il pouvait vraiment voler.

Le « serpent à plumes » était un ptérosaurien géant, bien plus grand que n'importe quel oiseau actuel. Ses larges ailes étaient en peau, comme celles d'une chauve-souris. Il avait des poils, et non des plumes, mais pas de dents.

CERF-VOLANT

Attache ensemble deux tiges de longueur inégale. Demande à un adulte de tailler des encoches au bout pour faire un cadre avec une ficelle. Recouvre ce cadre de plastique, en repliant les bords et en les collant bien. Dessine, découpe, puis fixe un ptérosaurien sur ton cerf-volant. Attache une corde au cadre pour le faire voler.

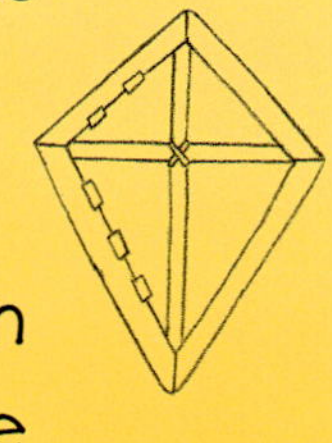

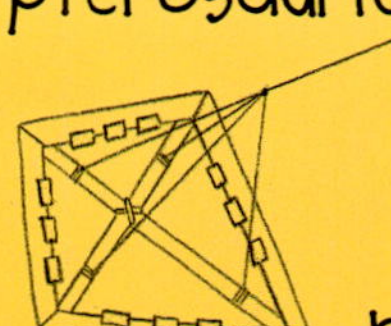

Les premiers insectes ailés furent les libellules. Le méganeura en était une, énorme, d'une envergure d'environ 75 centimètres.

La disparition

Les dinosaures ont vécu 140 millions d'années avant de disparaître à jamais. Les reptiles volants et marins et d'autres animaux préhistoriques se sont éteints à la même époque. Personne ne sait pourquoi.

Il existe plusieurs thèses à propos de la disparition des dinosaures. Certains pensent que les mammifères mangeaient trop souvent leurs œufs. Pour d'autres, ce sont les conditions climatiques qui ont changé et il a dû faire alors trop chaud ou trop froid pour la survie des dinosaures.

D’après certains savants, une météorite géante s’est écrasée sur la Terre il y a environ 65 millions d’années. La poussière provoquée par l’explosion a stoppé les rayons du Soleil, empêchant les plantes de pousser. De sorte que les herbivores sont morts de faim, puis à leur tour les carnivores, faute de proie pour se nourrir.

Poils et plumes

Quand les dinosaures sont morts, les mammifères et les oiseaux, qui sont des animaux à sang chaud, se sont multipliés. Les mammifères ont des poils et ne pondent pas d'œufs, les oiseaux ont des plumes pour leur tenir chaud.

Le saghathérium avait la taille d'un lion, mais il était timide. Il mangeait de l'herbe et avait de toutes petites griffes.

Le desmostylus ressemblait à un morse avec de longues défenses. Il passait son temps à chasser des poissons dans la mer, mais venait sur le rivage pour mettre ses petits au monde.

L'hyracothérium, l'un des premiers chevaux, était à peine plus grand qu'un chat. Il n'avait pas de sabots, mais quatre orteils aux pattes avant et trois aux pattes arrière.

Le diatryma était un grand oiseau avec un bec de perroquet. Il ne volait pas, mais courait vite.

Le smilodon était un félin grand et féroce. Il tuait ses victimes en les transperçant de ses longues dents.

L'homme arrive

Par rapport à l'âge de la Terre, l'arrivée de l'être humain est très récente : 100 000 ans à peine ! L'homme était apparenté à des créatures de la famille des singes, qui vécurent avant lui.

L'homme d'il y a 15 000 ans survivait grâce à la chasse et à la pêche, ainsi qu'à quelques plantes. Il errait d'un endroit à l'autre en quête de nourriture et s'abritait dans des grottes.

Les hommes vivaient dans des cavernes et peignaient parfois sur les parois les images des animaux qu'ils chassaient. Les couleurs étaient obtenues avec des pierres écrasées.

Faire du feu

On chassait le mammouth, une sorte d'énorme éléphant. Son pelage long et épais le protégeait du froid.

MAMMOUTH LAINEUX

Recopie le mammouth représenté ci-dessous sur un grand carton.

Colorie ses yeux, ses pattes et ses défenses. Recouvre son corps avec des fils de laine rouge-marron que tu colleras sur ton image.

Si tu veux, tu peux découper les contours de sa silhouette.

Fabriquer des outils

L'homme préhistorique était très adroit. Les objets trouvés dans les grottes montrent qu'il taillait des couteaux dans les pierres et faisait des outils avec des os ou des défenses de mammouth.

Les plantes

Elles sont partout.

Il existe des millions de plantes différentes qui poussent un peu partout dans le monde. De toutes formes et de toutes tailles, mousses minuscules ou arbres énormes, certaines fleurissent après la pluie dans les déserts, d'autres dans les crevasses enneigées des montagnes.

Comme d'autres plantes, le rosier a de superbes fleurs qui sentent bon.

Dans la forêt vierge, des plantes poussent en haut des branches ensoleillées des arbres. On les appelle épiphytes. Elles tirent l'eau dont elles ont besoin de l'air humide et conservent l'eau de pluie dans leurs feuilles incurvées.

Les arbres sont les plus grandes des plantes. Certains, comme le chêne, vivent des centaines d'années. Le fruit du chêne est le gland.

Les champignons sont des plantes particulières, sans feuilles ni racines. Ils ne sont pas verts et, au lieu de graines, ils produisent des spores.

Certaines plantes vivent dans l'eau. D'épaisses forêts d'algues caoutchouteuses poussent au fond des mers.

Leur nourriture

Les plantes ont besoin de se nourrir. Les racines boivent l'eau du sol et de la pluie, les feuilles absorbent l'air et la lumière. Avec l'eau, l'air et la lumière, elles fabriquent leur nourriture.

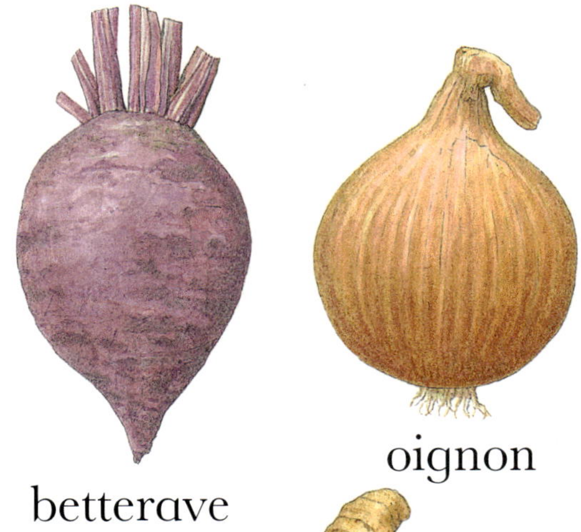

UNE BOUTURE

La phalangère fabrique des plantules au bout de ses tiges florales. Coupe une plantule et mets-la dans un verre d'eau. Quand ses racines auront poussé, plante-la dans un vrai pot.

Les plantes ont des racines dans la terre, chevelues, mais aussi tubéreuses ou bulbeuses. Dans ce cas la racine est une réserve de nourriture dont la plante se servira pour pousser quand les conditions seront réunies.

Les feuilles absorbent du gaz carbonique et rejettent de l'oxygène.

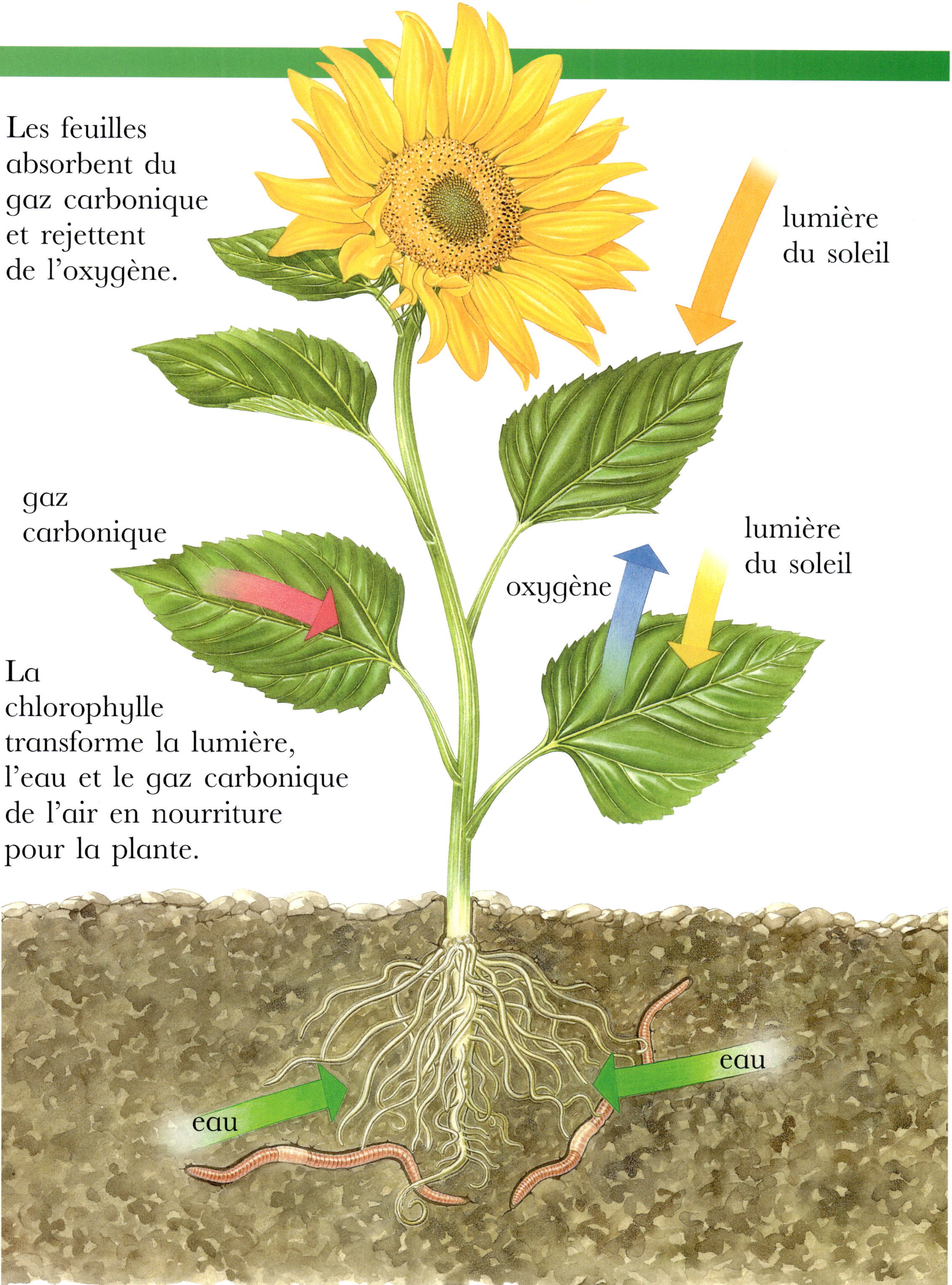

La chlorophylle transforme la lumière, l'eau et le gaz carbonique de l'air en nourriture pour la plante.

Les fleurs

Il y a des fleurs de presque toutes les couleurs et de toutes les formes : en clochette, en étoile, en trompette… Les fleurs de nos jardins sont souvent les descendantes des fleurs sauvages.

Les champs sont pleins de fleurs au printemps et en été. Insectes et papillons sont attirés par leurs couleurs et leurs parfums.

Cette orchidée fait partie des fleurs rares, qui ne poussent qu'à certains endroits. Il ne faut pas les cueillir, afin qu'elles puissent faire des graines et se reproduire.

FLEURS SÉCHÉES

Mets des fleurs entre deux buvards à l'intérieur d'un livre. Pose d'autres gros livres dessus et attends quatre semaines. Tu pourras coller tes fleurs séchées sur des cartes.

Le pollen

La fleur a besoin du pollen d'une autre fleur pour produire des graines. Son nectar attire les oiseaux et les insectes. Lors de la pollinisation, l'insecte se frotte à la fleur et se couvre de son pollen. Il le transporte ensuite sur une autre fleur.

Le petit colibri pollinise des fleurs dans les pays chauds. Il butine en introduisant son bec dans la fleur pour en extraire le nectar.

La fleur de l'hibiscus attire les colibris.

Beaucoup de fleurs sont pollinisées par des insectes. Cette orchidée ressemble à une abeille, ce qui les attire. En se posant, elles se couvrent de pollen.

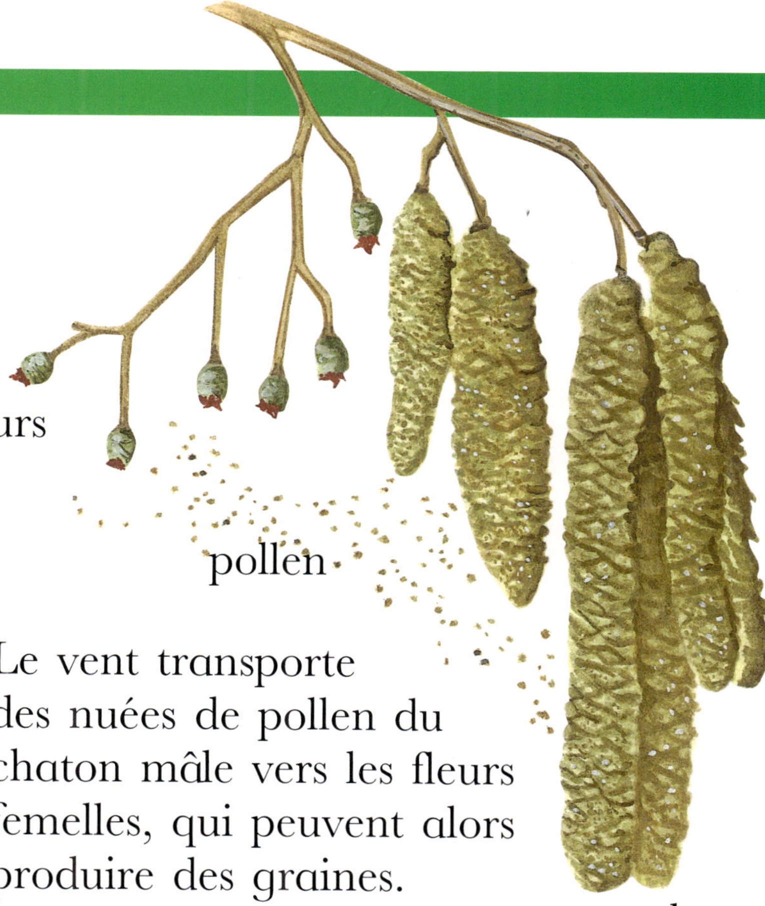

Le vent transporte des nuées de pollen du chaton mâle vers les fleurs femelles, qui peuvent alors produire des graines.

Pour produire des graines, le pollen doit aller de l'anthère de l'étamine d'une fleur au stigmate d'une autre fleur.

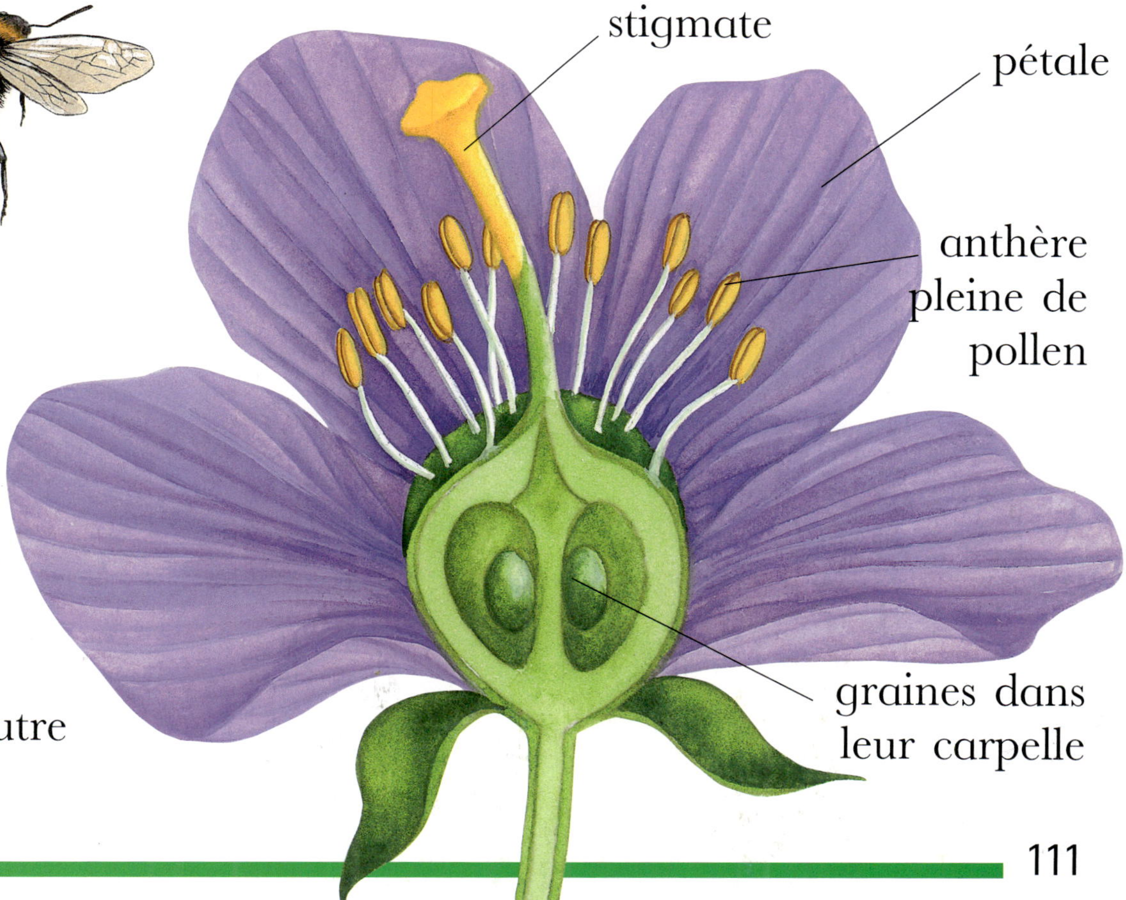

Les fruits

Une fois la fleur pollinisée, les graines se forment. Un fruit pousse autour de la graine et la protège. Parfois le fruit ne contient qu'une seule graine, le noyau. Les baies, elles, contiennent plein de petites graines, les pépins.

En automne, les haies sont pleines de baies mûres et juteuses dont les oiseaux raffolent. Les graines des baies sont ensuite éparpillées au sol dans les fientes des oiseaux.

Cherche les différentes baies dans l'image :

1. Baies d'aubépine
2. Églantier
3. Mûres
4. Baies de sureau
5. Sorbes

LA CITROUILLE

Demande à un adulte de couper le haut d'une citrouille. Retire ensuite la chair et fais des trous pour figurer une tête.

Coupe un cercle à la base pour y installer une veilleuse (petite bougie) puis demande à un adulte de l'allumer pour toi.

Les arbres font des fruits, avec des graines qui deviendront des arbres. Les fruits sont mous, comme l'orange, ou secs, entourés d'une coque, comme la noix.

oranger

Les graines

En général, une plante pousse à partir d'une graine. Au printemps, la terre est humide et assez chaude pour que la graine se développe : d'abord la racine, puis une plantule. C'est la germination.

Les graines des baies tombent au sol dans les fientes des oiseaux.

Le vent emporte les graines de pissenlit et les éparpille au sol.

Quand la graine germe, elle commence à s'ouvrir et la racine se forme peu à peu. Puis une pousse verte se développe sous la terre en direction de la lumière.

TA RÉCOLTE

Mets un peu de coton dans deux coquilles d'œuf propres. Ajoute des graines de cresson. Maintiens le coton humide et fais ta récolte dix jours après.

Certaines graines se trouvent à l'intérieur de fruits juteux. D'autres ont une enveloppe rigide qui les protège.

marron

pêche

pomme de pin

fruits du sycomore

Les arbres

Les arbres sont les plus grandes plantes du monde, avec leurs troncs massifs et leurs branches. Ils peuvent être à feuilles caduques (nus l'hiver) ou à feuilles persistantes (verts toute l'année).

Les feuilles changent de couleur en automne.

fleurs de marronnier

marron d'Inde

marronnier

L'arbre à feuilles caduques, comme le marronnier, perd son feuillage en automne et reverdit au printemps. Le marronnier est vert et feuillu l'été, et dénudé en hiver.

épicéa

FROTTIS D'ÉCORCE

Fixe une feuille de papier sur un arbre. Frotte doucement avec le côté plat d'un pastel.

On appelle conifères les arbres à feuilles persistantes et à fruits coniques.

Les arbres à feuilles persistantes, comme l'épicéa, gardent leurs aiguilles vertes, fines, cireuses et dures pendant des années avant qu'elles ne tombent. Mais elles ne tombent jamais toutes en même temps.

Drôles de plantes

Fougères, mousses, champignons et lichens sont de drôles de plantes : sans fleurs, et pour certains sans racines ni tiges. Au lieu de graines, ils font des spores, qui donneront de nouvelles plantes.

L'amanite tue-mouches est un champignon vénéneux.

spores de vesse-de-loup

La vesse-de-loup éclate et laisse échapper un nuage de spores.

Les champignons ne sont pas verts et n'ont ni feuilles ni racines. Ils ne fabriquent pas non plus leur nourriture. Ils ont de minces filaments qui vont dans le sol pour se nourrir de végétaux en décomposition.

La fougère pousse dans les lieux humides et ombreux. Sa taille varie : elle peut être minuscule comme de la mousse ou énorme arbuste. Elle produit de petites spores rondes.

La fronde d'une fougère se déroule peu à peu en grandissant.

Des tapis de mousse se forment dans les endroits humides. De très près, on dirait une forêt de tiges et de feuilles.

Le lichen pousse très lentement sur les arbres, les rochers et les murs.

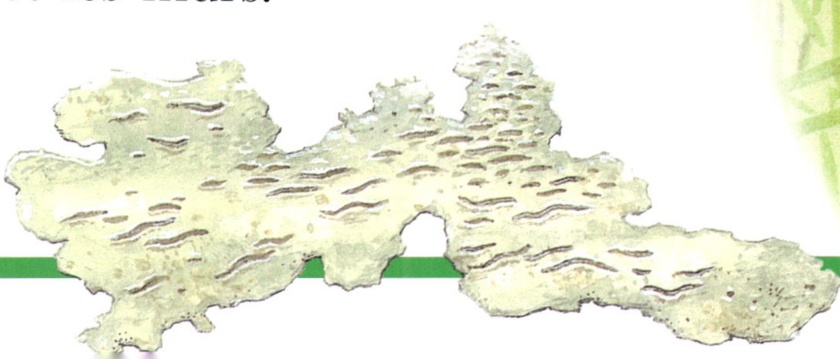

Plantes aquatiques

De nombreuses plantes vivent dans l'eau : dans les rivières, les étangs, les lacs et même dans la mer. Pour la plupart d'entre elles, les racines poussent dans la vase du fond de l'eau. Certaines sont énormes, d'autres ne peuvent être vues qu'au microscope.

De hauts roseaux poussent sur les rives des lacs et des rivières. Le nénuphar pousse plutôt au milieu. Sa tige est dans l'eau et ses grosses feuilles plates et ses fleurs flottent à la surface.

roseau commun

nénuphar

Les palétuviers poussent dans les marais des pays chauds. Leurs racines géantes les soutiennent, en gardant leurs branches bien au-dessus de l'eau.

Des algues vertes, brunes et rouges poussent le long des côtes rocheuses. Elles ne vivent pas au fond de la mer et s'accrochent aux rochers. Elles tirent leur nourriture de l'eau de mer absorbée par leurs thalles caoutchouteux.

Sur le fleuve Amazone, en Amérique du Sud, on trouve un genre de nénuphar immense. Ses feuilles flottantes sont larges de près de deux mètres.

Plantes et animaux

Sans les plantes, les animaux n'existeraient pas. Les plantes fournissent à tous les animaux nourriture et abri. À leur tour, les animaux aident les plantes à se reproduire en éparpillant leurs graines.

Le mulot mange des graines, comme bien d'autres animaux. Certaines graines s'accrochent à son pelage. Il les transporte sur lui et elles tombent ici et là.

Certains animaux ne mangent qu'un seul type de nourriture. Les koalas, en Australie, ne mangent que les feuilles juteuses des eucalyptus.

Le chardonneret se nourrit lui aussi de graines. Il les écrase dans son bec. Quelques graines intactes se retrouvent au sol dans ses fientes.

Ces fourmis parasols coupent des feuilles et les portent à leur nid. Là, elles en font une pâte et mangent les champignons qui poussent dessus.

Plantes carnivores

Les plantes carnivores sont assez étranges. Les insectes qui se posent sur elles, à la recherche de nectar, se retrouvent pris au piège. Le jus de ces plantes transforme le corps des insectes en liquide. Elle n'ont plus qu'à se nourrir de ce liquide en l'absorbant.

Les feuilles du drosera sont hérissées de poils collants. Quand un insecte se pose dessus, il est englué et prisonnier.

dionée

drosera

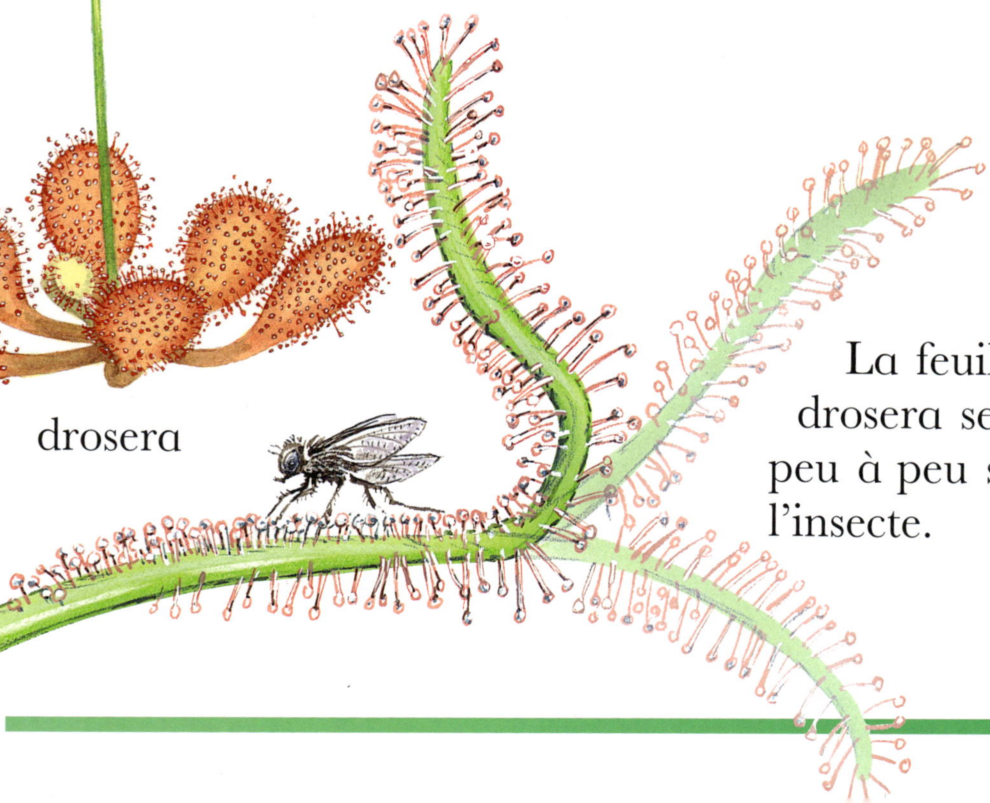

La feuille du drosera se referme peu à peu sur l'insecte.

La dionée, ou attrape-mouches, agit très vite. Dès qu'un insecte se pose sur l'une de ses feuilles, celle-ci se replie aussitôt. Les longs cils raides de la feuille emprisonnent l'insecte à l'intérieur.

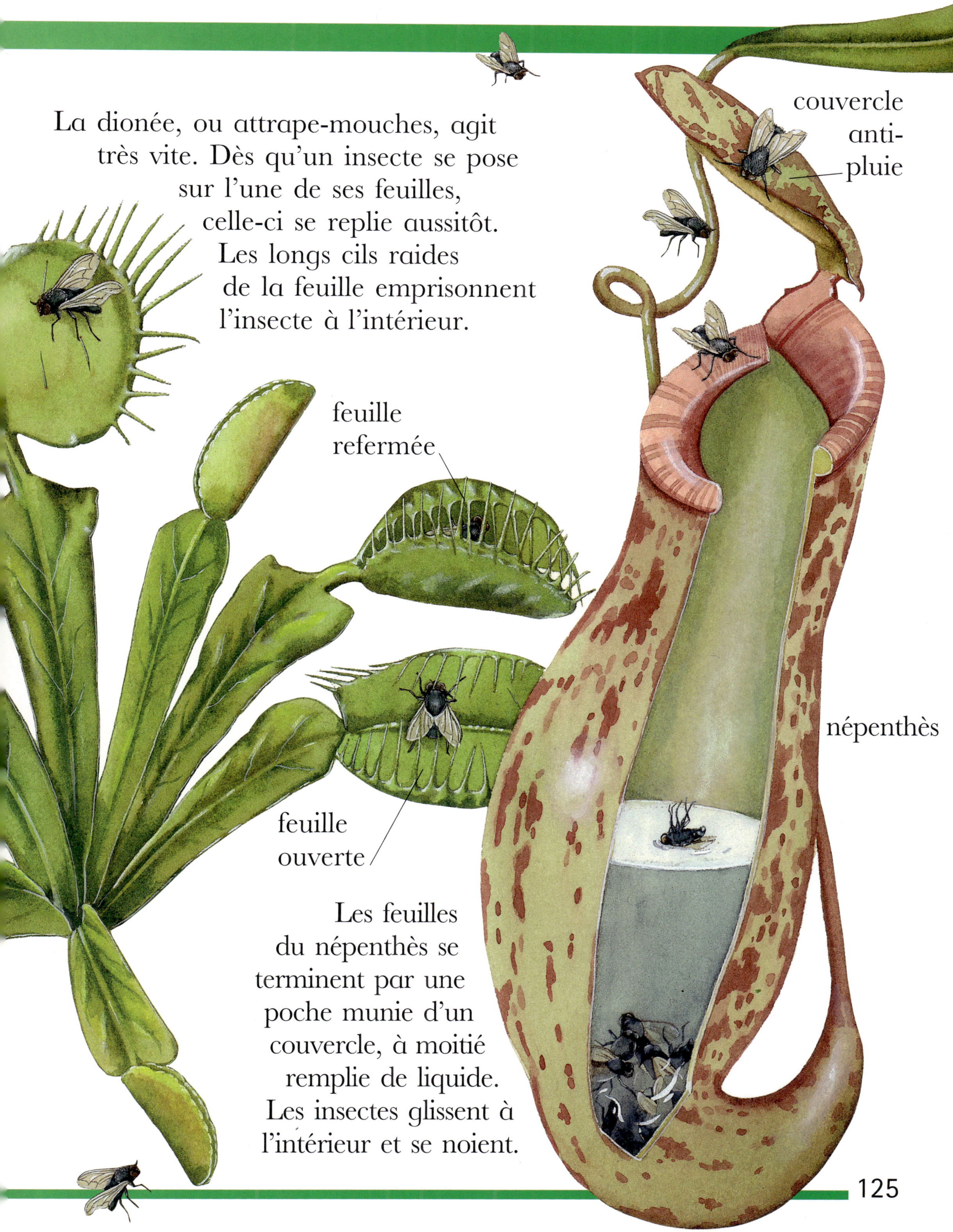

Les feuilles du népenthès se terminent par une poche munie d'un couvercle, à moitié remplie de liquide. Les insectes glissent à l'intérieur et se noient.

Moyens de défense

Les plantes doivent se protéger des animaux affamés. Comme elles ne peuvent pas fuir, elles se sont équipées de divers moyens de défense : des épines, des piquants, un goût ou une odeur horrible, du poison…

Si la feuille du sumac vénéneux est blessée, elle laisse couler un jus laiteux provoquant des cloques et des démangeaisons sur la peau des animaux.

Les cactus ont une réserve d'eau et de nourriture dans leurs tiges et leurs feuilles. Leurs piquants tiennent à distance les animaux du désert assoiffés.

Le long cou des girafes leur permet d'atteindre le haut des arbres. Elles aiment manger les feuilles tendres et les pousses de l'acacia. Cet arbre a pourtant des épines qui dissuadent les autres animaux.

Les feuilles de l'ortie sont couvertes de poils fins. Si un animal s'en approche, ces petits piquants injectent dans sa peau un acide très irritant.

Ces plantes qu'on appelle lithophytes se cachent parmi les cailloux pour se protéger des animaux. Leurs feuilles ont l'air de pierres, ce qui les rend difficiles à distinguer.

Les comestibles

Une grande part de notre nourriture provient des plantes : les fruits et les légumes, la farine, le sucre, le café, le chocolat... Presque toutes les plantes comestibles sont cultivées par des agriculteurs à travers le monde.

Les légumes que nous mangeons sont différentes parties des plantes : des racines, comme les carottes ; des feuilles, des tiges, des cosses ou des graines.

Il y a des fruits dans les arbres, les arbustes et les vignes. Avec le raisin, on fait du vin. On presse les olives pour obtenir de l'huile.

Les céréales sont les graines de graminées comme le blé, l'avoine et le riz. Elles sont moulues afin d'en faire des farines, ou transformées pour ton petit déjeuner.

SALADES EN POT

Remplis de terre un récipient. Sème des graines de laitue.

Vaporise d'eau et couvre avec un plastique. Garde la terre humide et enlève le plastique dès que tu verras des pousses.

Plante ensuite chacune des laitues dans un pot de terre.

Plantes étonnantes

Il existe des plantes très étonnantes : elles ont une forme étrange, une odeur particulière ou une taille énorme. Certaines semblent normales, mais vivent dans des lieux où aucune autre plante ne survivrait.

Le rafflesia a la plus grosse fleur du monde : près d'un mètre de diamètre. Son odeur de viande pourrie attire les mouches qui assurent sa pollinisation.

Dans certains déserts, les fleurs n'éclosent qu'après la pluie. Elles font vite des graines, puis meurent. Les graines peuvent rester des années dans le sol, jusqu'à ce qu'il repleuve.

Le bonsaï est
un arbre normal,
mais tout petit,
parfois à peine plus grand
qu'un papillon. Ce n'est pas
une forme naturelle :
sa croissance est freinée
par son petit pot et parce
qu'on taille ses racines
et ses branches.

Les plus grandes et les plus vieilles plantes de la Terre sont les séquoias géants de Californie, aux États-Unis. Le plus haut mesure 112 mètres. Son tronc a une circonférence de 25 mètres.

séquoia
géant

Les animaux

Les reptiles

Les serpents, les lézards, les crocodiles et les tortues sont des reptiles. Leur peau est couverte d'écailles. Ils ont le sang froid : leur corps est à la température de l'environnement. Ils s'allongent au soleil pour se réchauffer et se mettent à l'ombre pour se rafraîchir.

La plupart des reptiles pondent des œufs : ils sont ovipares. La coquille de leurs œufs n'est pas dure, mais souple comme du cuir.

gecko

Les serpents et les lézards, comme ce gecko, changent de peau en grandissant : une nouvelle peau est prête dessous.

Le serpent ne sent pas les odeurs avec son nez, mais avec sa langue fourchue. Il la sort et la rentre sans cesse, à la recherche de nourriture.

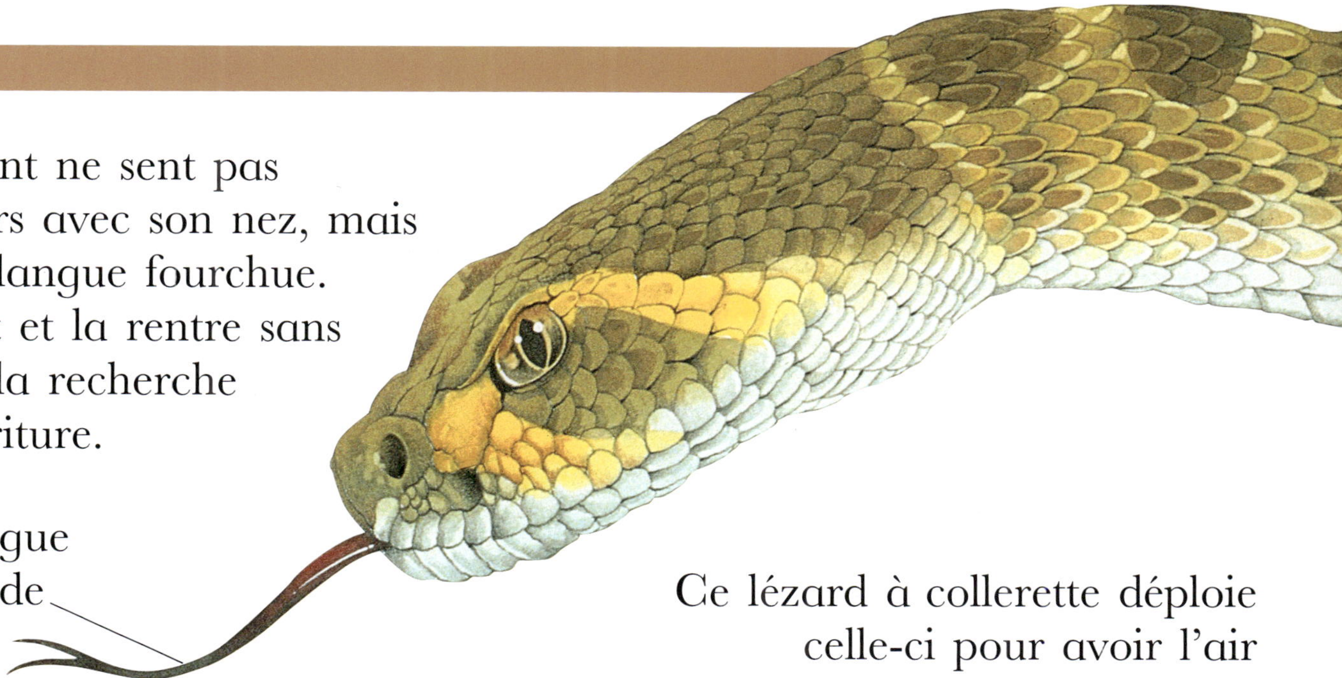

Ce lézard à collerette déploie celle-ci pour avoir l'air féroce et effrayer ses ennemis.

Les serpents

Il existe des milliers de serpents différents, qui vivent surtout dans les pays chauds. Les plus petits ne sont pas plus longs que ta main. Les plus grands mesurent jusqu'à 10 mètres de long. Ils sont tous carnivores et avalent leur proie tout entière.

Le serpent corail (en haut) se replie comme un accordéon puis s'étire pour avancer. Bien que dépourvus de pattes, les serpents peuvent se déplacer très rapidement.

L'énorme anaconda tue sa proie en l'étouffant. Il s'enroule autour de l'animal capturé et serre pour lui bloquer la respiration.

Le boa vit dans la cime des arbres de la forêt tropicale. Il s'enroule autour d'une branche et, sans bouger, attend qu'un petit animal passe au-dessous de lui.

Certains serpents sont venimeux. Le crotale plante ses crochets dans sa victime pour lui injecter un poison mortel.

TON SERPENT

Dessine une spirale sur une feuille de papier. Fais des motifs colorés, puis deux yeux au milieu. Découpe la spirale le long de la ligne. Étire ton serpent par un fil fixé à sa tête.

Les sauriens

Geckos, iguanes, lézards et caméléons sont des sauriens. En général, ils vivent au sol, mais certains passent leur temps en haut des arbres ou creusent des terriers. La plupart mangent des insectes.

Les lézards ont souvent de belles couleurs et des motifs sur le corps. Ce lézard ocellé doit son nom aux taches bleues de ses flancs.

Le monstre de Gila est un saurien venimeux. Sa bouche sécrète du poison. Il tue ainsi les petits animaux quand il les mord.

Ce moloch
a l'air
terrible,
mais il est inoffensif.

Le caméléon vit dans les arbres. Sa langue est aussi longue que son corps et il la sort très vite pour attraper des insectes.

caméléon

Le dragon de Komodo (en bas) est le plus grand saurien du monde. Il est féroce, muni de longues dents coupantes, comme celles du requin.

dragon
de Komodo

Le caméléon prend la couleur de ce qui l'entoure. Il est alors difficile de le repérer en haut des arbres.

Les tortues

Les tortues sont les seuls reptiles à avoir une carapace solide qui les protège des ennemis. Il y a des tortues terrestres et des tortues d'eau, qui nagent vite grâce à de puissantes nageoires. Toutes les tortues pondent leurs œufs sur la terre ferme.

1. Cette tortue nage la nuit vers la plage pour pondre ses œufs.

2. Elle creuse un trou pour y déposer ses œufs et les recouvre de sable.

3. Quand l'œuf éclôt, le bébé tortue s'extrait du sable et se précipite vers la mer.

La tortue terrestre avance lentement. Si elle a peur, elle rentre la tête et les pattes dans sa carapace.

FAIS LA TORTUE

Perce deux trous de chaque côté d'un bol en carton pour glisser un élastique, que tu fixeras par des nœuds. Colle des papiers ronds coloriés, comme indiqué. Mets un gant et colle des yeux en carton sur un doigt. Passe ta main gantée dans le bol pour faire la tortue.

Des tortues géantes habitent sur les îles Galapagos. Elles vivent près de 50 ans et peuvent mesurer un mètre de long.

Les crocodiles

Les crocodiles vivent généralement dans les rivières des pays chauds. Ils passent leur temps dans l'eau, à attendre que des animaux viennent boire. À ce moment-là, ils sortent et se jettent sur eux. Peu d'animaux leur échappent.

Le crocodile flotte en ne laissant dépasser que ses yeux et son nez.

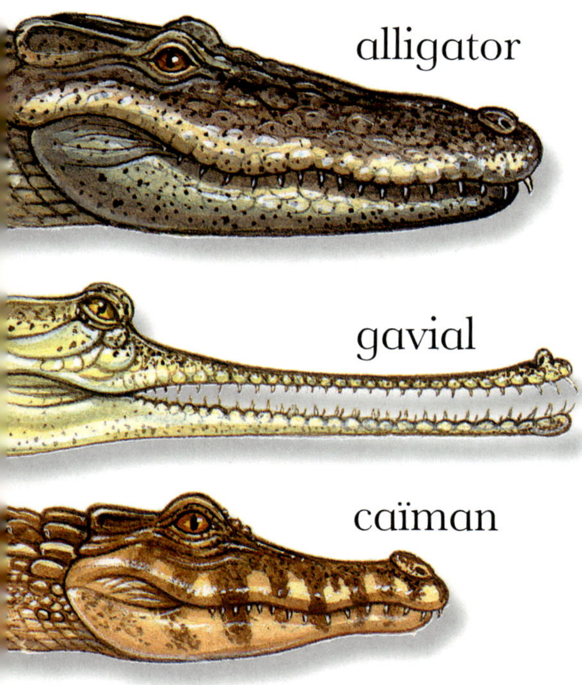

Ces trois animaux sont apparentés au crocodile. Chacun a une tête différente.

Un alligator (en haut) se repose sur la rive pour se réchauffer. Il se rafraîchira en replongeant dans l'eau.

La mère crocodile (en bas) s'occupe de ses œufs. Quand ils éclosent, elle porte ses petits à la rivière en les tenant dans sa gueule.

Les amphibiens

La plupart des batraciens naissent dans l'eau, mais vivent sur terre dès l'âge adulte. Ils se nourrissent d'insectes, d'escargots et d'autres petites bêtes. Grenouilles, crapauds, salamandres et tritons font partie des amphibiens.

La grenouille a la peau lisse et gluante. Ses longues pattes arrière lui permettent de sauter et de nager.

triton marbré

Le triton vit en partie sur terre. Il dort tant que dure le froid de l'hiver. Au printemps, il cherche un étang pour y pondre ses œufs.

Le crapaud a la peau verruqueuse. Il est plus trapu que la grenouille, avec des pattes plus courtes qui le font avancer assez lentement.

Comme le triton, la salamandre a une longue queue. C'est un animal timide, qui se cache sous les pierres.

La cécilie a l'air d'un ver de terre, mais elle a des dents. Elle vit dans la forêt tropicale et se terre parmi les feuilles mortes.

Les grenouilles

Les grenouilles vivent dans des endroits variés, parfois même en haut des arbres. Elles pondent dans l'eau. Après l'éclosion, les petits têtards n'ont pas encore l'aspect de grenouilles, mais ils changent en grandissant : c'est ce qu'on appelle la métamorphose.

La grenouille saute très loin car ses pattes arrière sont de vrais ressorts. D'abord elles sont repliées, puis elles s'étirent quand elle bondit en avant.

Les pattes de la grenouille arboricole ont des ventouses pour l'aider à s'accrocher.

FAIS LA COURSE

Peux-tu sauter comme une grenouille ? Accroupis-toi et pose tes mains sur le sol, entre tes pieds. Bondis en avant et retombe dans la même position. Fais une course de grenouilles avec tes copains !

Les poissons

Les poissons vivent dans l'eau et sont d'incroyables nageurs. Certains sont aussi petits que des têtards, d'autres grands comme des crocodiles ; les uns sont plats, les autres arrondis. Mais ils ont tous les mêmes caractéristiques.

Les écailles sur le corps d'un poisson l'aident à glisser dans l'eau.

Il se sert de ses nageoires pour changer de direction.

Presque tous les poissons sont ovipares. Ils pondent des centaines d'œufs en une fois.

Le poisson n’a pas de paupières. Il nage toujours les yeux grand ouverts.

Certains poissons vivent dans la mer, d’autres dans les rivières et les lacs. Ces derniers sont les poissons d’eau douce.

Sur les côtés de sa tête, le poisson a des fentes, appelées branchies, par lesquelles il respire.

Le poisson se propulse dans l’eau en agitant la queue.

UN AQUARIUM

Peins en bleu l’intérieur d’une boîte en carton. Pose des cailloux et des coquillages à l’intérieur. Dessine, colorie et découpe des petits poissons. Colle une ficelle à chacun et fixe-la en haut de ton aquarium.

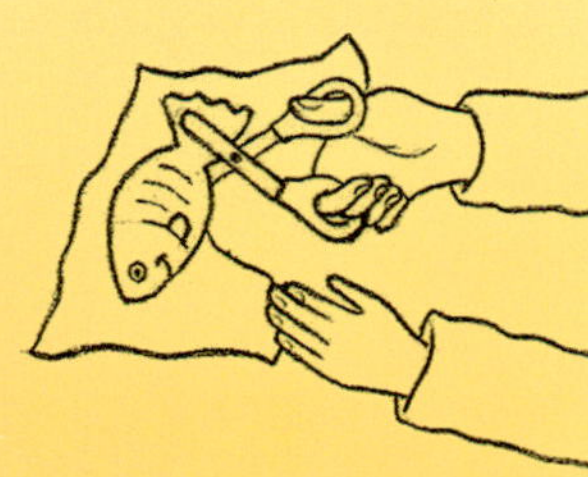

Dans les coraux

Des milliers de poissons très colorés se regroupent près des récifs de corail. Ils ont des formes et des couleurs diverses. C'est un vrai jardin marin : l'eau y est claire et lumineuse, et les poissons y trouvent plein de nourriture.

La plupart des poissons qui vivent près des récifs de corail ont des motifs très colorés sur le corps. Ainsi il est difficile pour un prédateur de les distinguer du corail.

1. Bécune
2. Poisson-coffre
3. Scare
4. Papillon de mer
5. Rascasse
6. Scalaire

Attention, voraces !

Les habitants de la mer sont nombreux à manger des plantes. Mais attention à ceux qui sont voraces ! Certains se servent de la vitesse pour attraper leur proie, d'autres ont des moyens spéciaux pour trouver leur nourriture.

Le requin blanc utilise son odorat pour chasser. Dès qu'il flaire une odeur de nourriture, il se précipite comme une flèche et avale sa proie tout entière.

Le requin baleine est le plus grand poisson de la mer. Mais il ne se nourrit que de créatures minuscules, le plancton.

La physalie traîne ses longs filaments urticants dans l'eau pour attraper les poissons.

Le poulpe glisse au fond de la mer. Il saisit les crustacés avec ses longs tentacules.

poulpe

Au fond des mers

Au plus profond de la mer, l'eau est sombre et glacée. Les plantes n'y poussent pas et la nourriture est rare. Cependant, d'étranges créatures parviennent à y vivre.

La plupart des poissons qui vivent au fond des mers sont de couleur sombre, difficiles à distinguer. Certains ont de petites lumières sur le corps, qui attirent de plus petits poissons bons à manger. C'est aussi un signal qui leur permet de trouver un partenaire.

1. Grandgousier
2. Baudroie abyssale
3. Crevette des profondeurs
4. Holothurie
5. Poisson lumineux
6. Tripodin
7. Crinoïde

Fruits de mer

Beaucoup d'animaux qui vivent le long des côtes ou au fond des mers ont une enveloppe protectrice. Ces crustacés et coquillages ont différentes formes et tailles, allant du crabe géant à la minuscule crevette.

La moule a une double coquille qui ferme bien.

Le crabe a une carapace qui le recouvre comme une armure. Ses yeux pédonculés sortent par des trous de sa carapace.

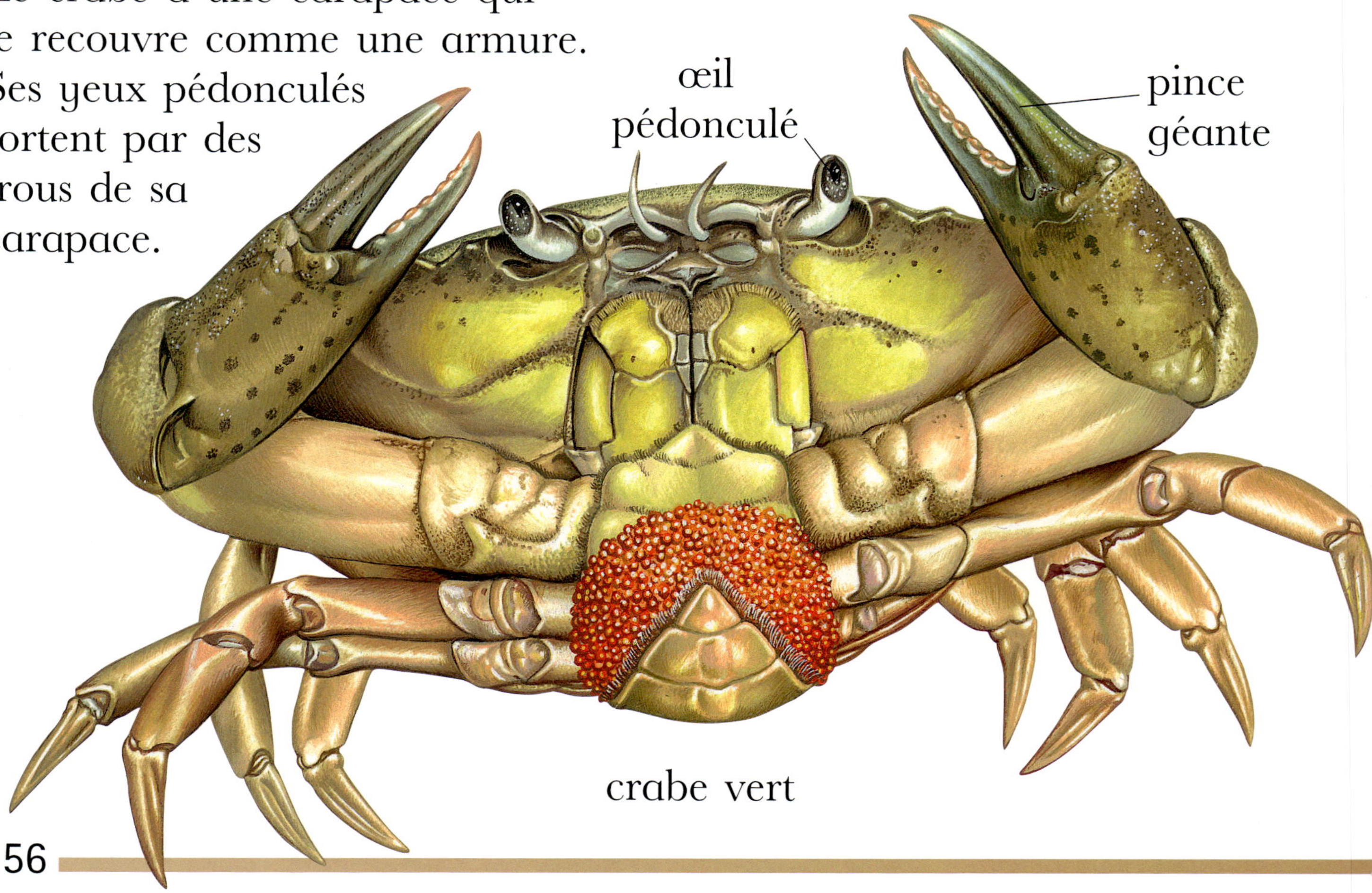

Le homard et le crabe ont deux énormes pinces. Ils s'en servent pour attraper leur nourriture et combattre leurs ennemis.

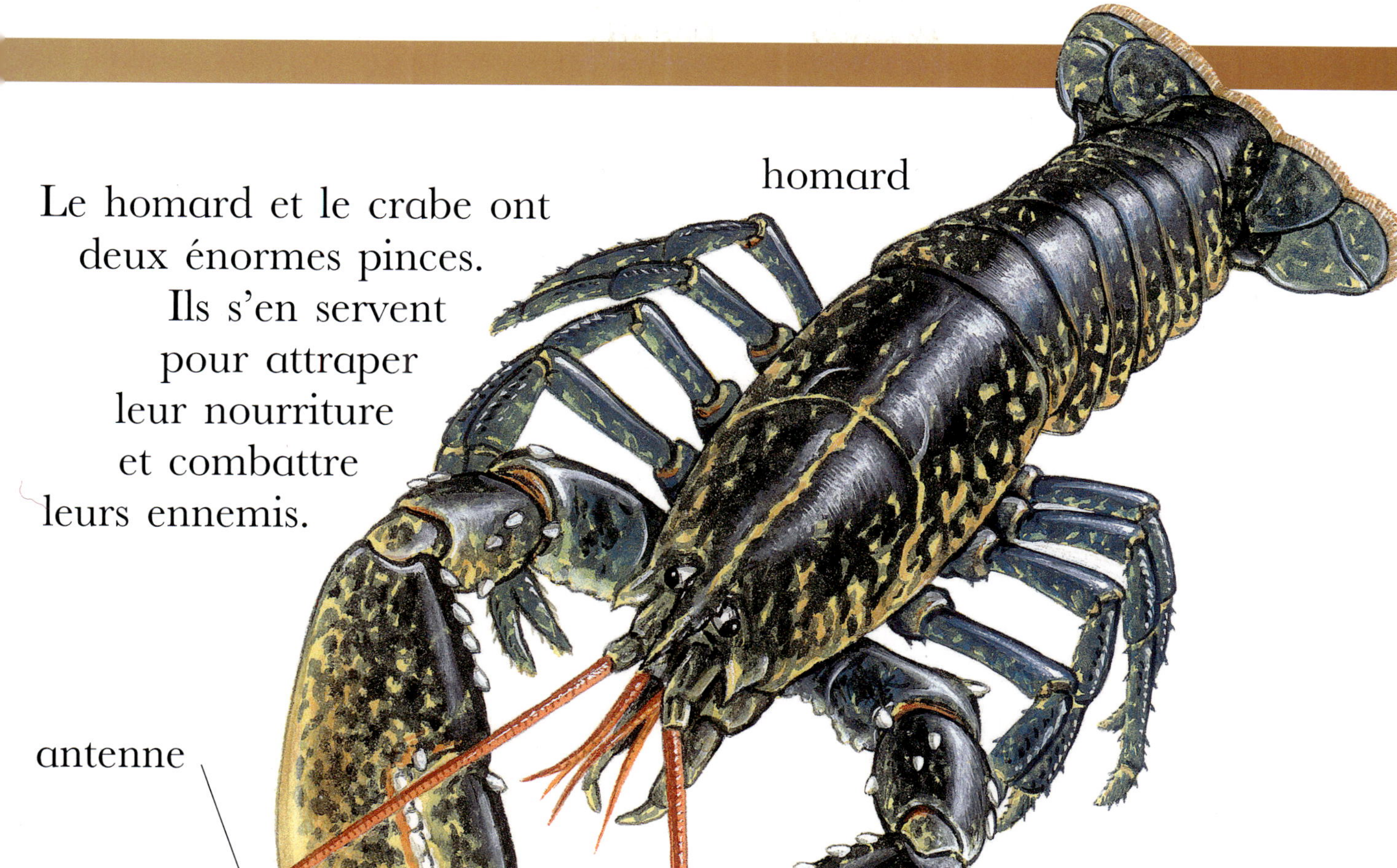
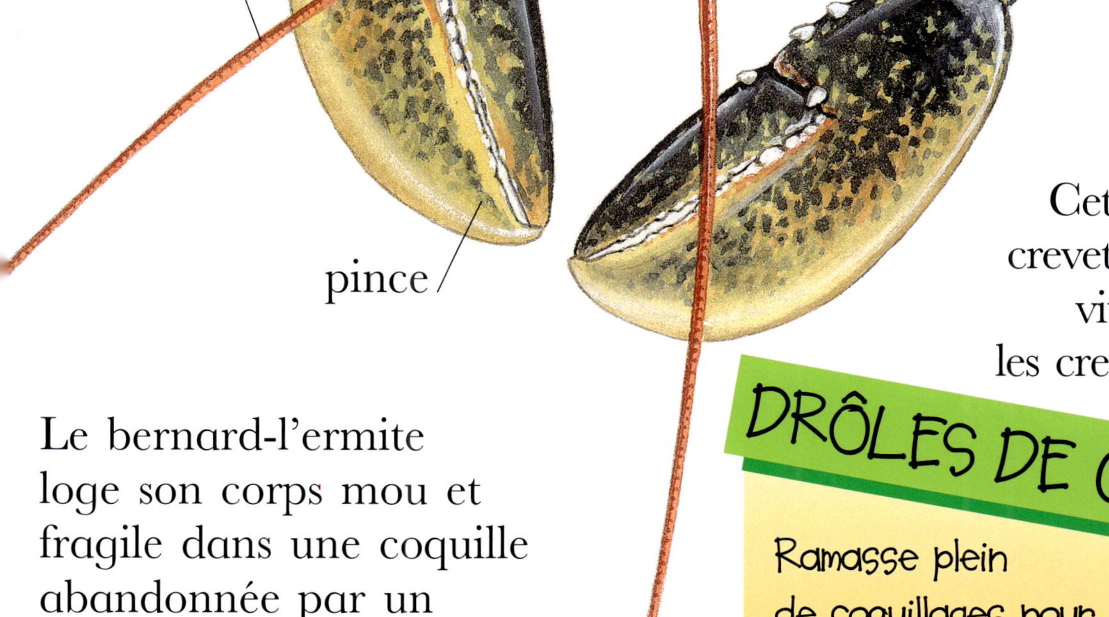

Cette crevette vit dans les creux rocheux.

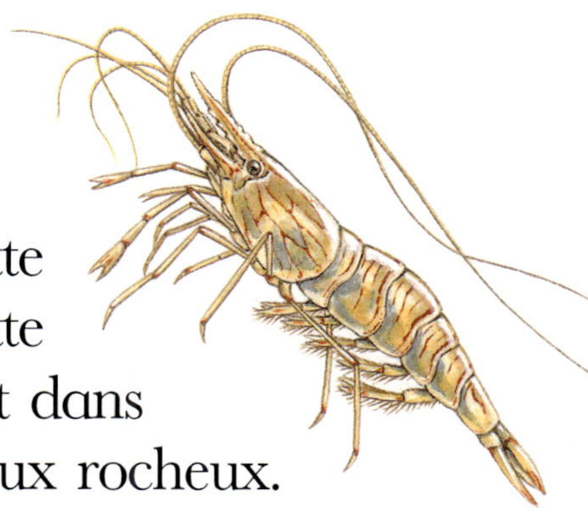

Le bernard-l'ermite loge son corps mou et fragile dans une coquille abandonnée par un autre animal.

DRÔLES DE COQUILLAGES

Ramasse plein de coquillages pour créer des créatures bizarres. Les plus petits feront les yeux et les pieds.

Les insectes

En général, les insectes sont petits. Leur corps se compose de trois parties : la tête, le thorax et l'abdomen. Un insecte a six pattes et deux antennes. Il est protégé par une carapace.

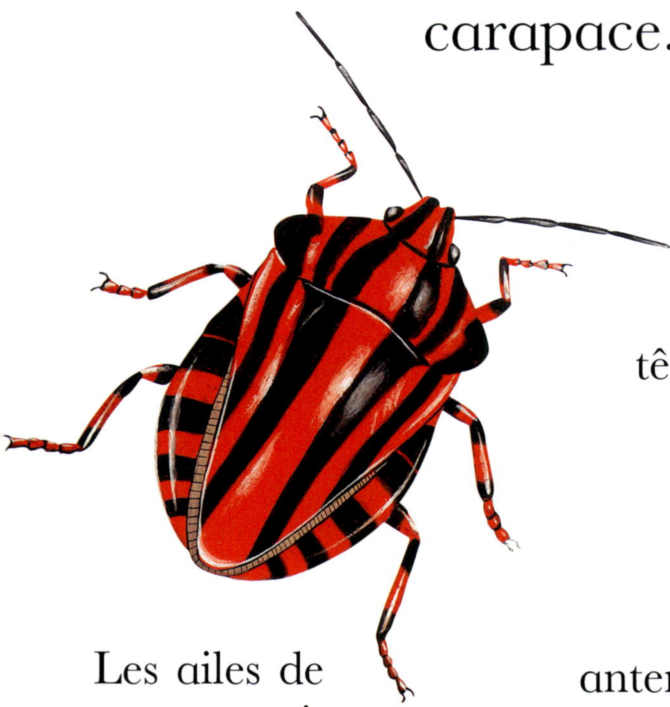

Les ailes de cette punaise colorée sont cachées sous le bouclier rayé de son dos.

L'abeille se nourrit de nectar, qu'elle extrait des fleurs grâce à un suçoir. Les abeilles recueillent aussi le pollen des fleurs.

Les fourmis vivent en colonies.

Le papillon a quatre ailes. Au repos, il les replie sur son dos.

Cet insecte a la couleur de la feuille où il est posé, ce qui le cache aux yeux de ses ennemis.

Le phasme est un insecte qui a l'air d'une tige.

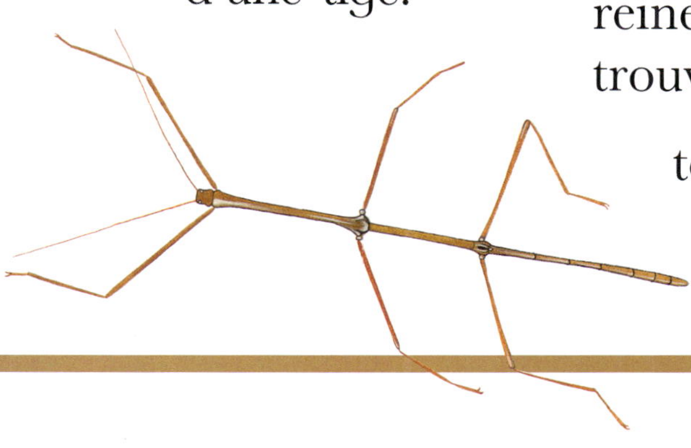

Les termites vivent en société. Leur nid géant, fait de boue et de sable, protège la reine termite qui se trouve au milieu.

termite

Les papillons

Quand il fait beau, les papillons volètent d'une fleur à l'autre en pompant du nectar. Les jolis motifs de leurs ailes sont faits de milliers de petites écailles aux couleurs brillantes. Les phalènes sont les papillons de nuit.

danaïde

Le papillon commence sa vie sous forme de chenille. Il doit se transformer avant de devenir papillon.

1. Le papillon pond sur une plante.

2. De l'œuf éclos sort une chenille.

3. La chenille mange, grandit et tisse un cocon.

phalène tigrée

Les phalènes ont le corps plus gros que les papillons. Leurs antennes sont duveteuses ou comme des petits poils.

Le sphinx tête-de-mort doit son nom au drôle de crâne dessiné derrière sa tête.

phalène rouge

4. Elle devient chrysalide.

5. Le papillon sort de la chrysalide.

Bestioles

Beaucoup de petites créatures ne sont pas des insectes et ne volent pas. La plupart se cachent le jour parmi les pierres et les plantes. Elles sortent plutôt la nuit, ou juste après la pluie, pour chercher à manger.

Le ver de terre mange la terre en avançant. Il n'a ni pattes, ni yeux ni oreilles.

Le scorpion vit dans les pays chauds. Il saisit sa proie avec ses pinces, puis la pique avec l'aiguillon venimeux qu'il a au bout de la queue.

La mygale est l'une des plus grosses araignées du monde.

La scolopendre a un corps segmenté, et une paire de pattes à chaque segment.

ARAIGNÉE

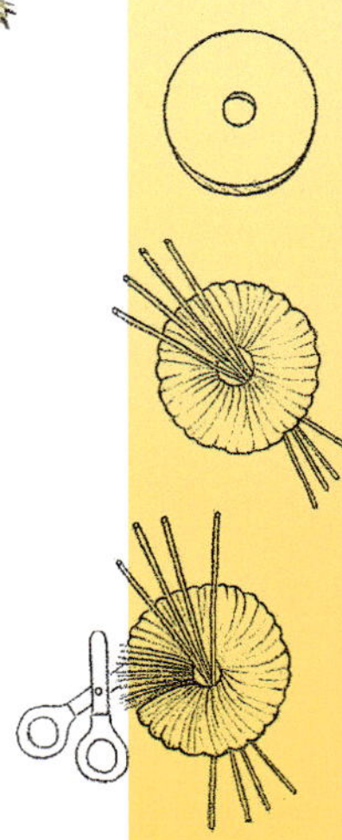

Fais un pompon en enroulant de la laine autour de deux disques de carton. Glisse 4 cure-pipes dans le trou. En tenant bien au milieu, découpe autour comme indiqué, attache solidement avec un fil, et ôte les cartons. Plie les cure-pipes de façon à faire les pattes et colle des yeux.

L'escargot rampe sur le sol et laisse des traînées de bave derrière lui. Quand il a peur, il se cache à l'intérieur de sa coquille.

Oiseaux et mammifères

Les oiseaux

Il existe des milliers d'oiseaux, de diverses tailles, formes et couleurs. Ce sont les seuls animaux couverts de plumes, et ils volent presque tous. Le plus petit est à peine plus grand qu'un papillon, le plus grand est plus haut qu'un homme.

Ce roitelet n'est pas plus grand que ton doigt.

Le corps d'un oiseau est une machine à voler très performante. Les os légers et les muscles puissants facilitent l'envol. Les plumes gardent l'oiseau au chaud et au sec, et sa queue l'aide à se diriger et à freiner.

La forme du bec d'un oiseau nous apprend ce qu'il mange. L'énorme bec de ce toucan lui permet de cueillir des fruits.

La forme profilée du faucon l'aide à voler et à plonger très vite.

L'autruche ne vole pas. C'est l'oiseau le plus grand et le plus lourd.

Voler

Les oiseaux sont des acrobates épatants. Ils planent, voltigent et plongent en piqué. Ils volent plus vite, plus haut et plus loin que les insectes. Certains peuvent même rester en l'air pendant des années.

Les oiseaux battent des ailes pour voler. Les très grands oiseaux le font lentement. Les petits le font très vite.

Chaque oiseau a une aile dont la forme est adaptée à son type de vie. Le martin-pêcheur a des ailes courtes et solides très efficaces pour quitter l'eau et s'envoler après avoir plongé pour pêcher.

L'oie lève ses ailes au-dessus du dos.

Puis elle les rabat complètement.

L'albatros plane dans le ciel avec ses énormes ailes de trois mètres d'envergure. Les planeurs sont construits avec des ailes longues et étroites comme celles de l'albatros.

Le colibri voltige entre les fleurs et boit leur nectar. Il bat des ailes très vite : de 50 à 80 fois par seconde. Cela produit un bourdonnement caractéristique.

CANARD SAUVAGE

Dessine la silhouette du canard sur un carton. Décore-le des deux côtés et découpe-le. Fais les ailes avec des languettes, comme indiqué, et replie-les sur les pointillés. Colle les ailes sur le canard, puis suspends-le avec un élastique.

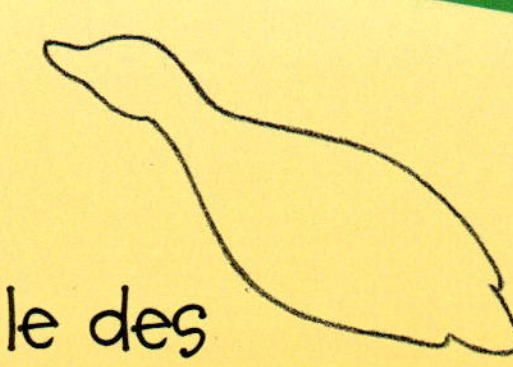

Les rapaces

Les rapaces, ou oiseaux de proie, sont de féroces chasseurs. Ils ont un bec pointu, des serres puissantes et une bonne vue. Ils montent en flèche pour repérer de très haut poissons et animaux. Quand ils ont vu une proie, ils fondent sur elle pour la tuer.

L'aigle est le plus grand des rapaces. Il attaque avec les serres en avant. L'orfraie attrape des poissons. Pour ce faire, elle plonge vers l'eau, saisit sa proie et l'emporte.

La chouette chasse la nuit car elle voit dans le noir. Grâce aux plumes à franges qui sont au bout de ses ailes, elle vole sans bruit.

Les vautours chassent en groupe. Ce sont des charognards : ils mangent en général des animaux morts.

UNE CARTE À BEC

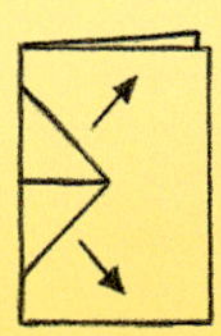

Plie une carte en deux et coupe une fente au milieu. Pousse les coins vers l'intérieur, comme indiqué.

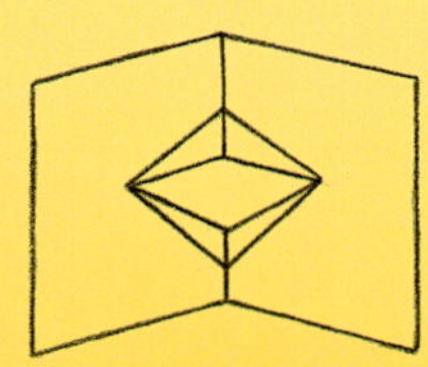

Colle une autre carte par-dessus, sans toucher au bec. Peins la tête d'un oiseau tout autour. Tu peux fermer et ouvrir ta carte.

Au bord de l'eau

Beaucoup d'oiseaux vivent près de l'eau : certains sont bons nageurs, d'autres ne font qu'y marcher. Les oiseaux marins se nourrissent de poisson. Les autres font leur nid près des lacs ou des rivières, où ils trouvent à manger.

Canards, oies, cygnes et de nombreux oiseaux marins ont des pattes palmées qui les aident à nager vite.

Le macareux plonge dans l'eau pour trouver des poissons. Il peut en tenir plusieurs dans son grand bec coloré. Les bandes de macareux font leurs nids sur les falaises.

Le héron a des pattes longues comme des échasses et un bec pointu comme des ciseaux. Il reste sans bouger en attendant le poisson. Dès qu'il en voit un, il le prend et l'avale.

La sterne arctique voyage plus que tous les autres oiseaux. Elle fait son nid près du pôle Nord, puis va passer l'hiver à l'autre bout du monde, près du pôle Sud. Au printemps, elle retourne à nouveau vers le pôle Nord.

Le manchot pêche dans des eaux glacées, près du pôle Sud. Ses ailes sont courtes comme des nageoires. Il nage si vite qu'on dirait qu'il vole dans l'eau.

Nids et œufs

Tous les oiseaux sont ovipares : ils pondent des œufs dont sortiront des oisillons. La plupart préparent des nids douillets, à l'abri des dangers et des ennemis. Puis ils couvent leurs œufs jusqu'à l'éclosion.

Quand il est prêt à sortir, l'oisillon perce un trou dans sa coquille. Et quand le trou est assez grand, il pousse, tête la première, et brise sa coquille.

Les oisillons sont affamés.

La corneille construit un nid sommaire, en haut d'un arbre, avec des branches et de la mousse. L'intérieur du nid est protégé par une bonne couche de laine ou de poils.

Cette fauvette couturière assemble des feuilles pour faire son nid à l'aide de fils de soie pris dans une toile d'araignée.

L'hirondelle fait son nid en haut des murs, avec de la boue façonnée en coupe.

L'oisillon est couvert d'un duvet pelucheux.

Le pluvier ne fait pas de nid. Il pond ses œufs mouchetés parmi des galets, afin qu'ils soient très bien camouflés.

Les mammifères

Les mammifères sont des animaux dont le corps est couvert de poils et qui allaitent leurs petits. Il y en a de divers genres. La plupart habitent sur la terre ferme, mais quelques-uns vivent dans la mer.

Comme d'autres mammifères, les porcs mettent au monde plusieurs petits. Les porcelets se bousculent pour téter le lait de leur mère.

épaulard

Le dauphin et la baleine sont des mammifères qui vivent dans la mer. Ils ne peuvent pas y respirer, alors ils remontent souvent à la surface.

La chauve-souris est le seul mammifère volant. Elle chasse pendant la nuit et, le jour, elle dort la tête en bas. Son corps est couvert de fourrure et ses ailes membraneuses s'étirent entre ses doigts.

Le lapin, comme bien d'autres mammifères, a un pelage épais qui le protège et le maintient au sec et au chaud. Le lapin sent, entend et voit très bien. Ces facultés l'aident à se protéger de ses ennemis.

Les primates

Les singes et les humains font partie d'un même groupe d'animaux, les primates. Les primates dépourvus de queue, appelés anthropoïdes, sont les plus proches de l'homme. Le gorille est le plus grand des anthropoïdes.

Le gorille est une créature timide et pacifique qui vit en famille et aime jouer.

Les singes hurleurs sont parmi les plus bruyants des animaux.

L'orang-outan vit seul, mais il prend grand soin de ses petits.

UNE CHAÎNE

Dessine et colorie plusieurs singes sur du bristol. Découpe-les. Attache la queue de l'un au bras de l'autre. Et ainsi de suite, pour former une chaîne.

Les chasseurs

De nombreux mammifères sont carnivores. Comme ils doivent attraper d'autres animaux pour manger, certains sont de vrais chasseurs et courent très vite. Ils ont des dents pointues et de grosses griffes. Il y en a qui chassent seuls et d'autres qui chassent en bande.

Les loups et les chiens sauvages chassent en groupe. La meute est conduite par un chef. Une bande de loups agit en équipe pour s'attaquer à de grosses proies.

Le guépard est le plus rapide de tous les animaux. Il suit sa proie sans faire de bruit, puis soudain se met à courir et l'attrape par surprise.

L'ours tue d'un grand coup de sa grosse patte. L'ours brun adore le poisson. Il attrape le saumon dans l'eau quand celui-ci remonte le courant pour pondre.

Vivre en groupe

Les animaux herbivores passent leur temps à brouter dans les pâturages. Ceux qui vivent dans les prairies ne peuvent pas se cacher des chasseurs. C'est donc pour leur sécurité qu'ils se regroupent en vastes troupeaux.

Les chevaux sauvages se déplacent en hardes. Chacune est composée de juments et de poulains. La harde est dirigée par un étalon, un cheval mâle.

Les éléphants femelles vivent en famille. La mère la plus âgée dirige le groupe. Les autres veillent sur les petits.

Les gnous parcourent de longues distances en immenses troupeaux, à la recherche d'herbe tendre.

FAIS UNE GUIRLANDE

Plie en accordéon une longue feuille de papier. Dessine un éléphant sur le dessus, la queue et la trompe touchant les bords, comme indiqué. Découpe son contour sur l'ensemble du papier, puis déplie-le pour étaler ta guirlande.

Les rongeurs

Les rongeurs sont des mammifères dotés de longues incisives aiguisées pour mieux couper. Certains se nourrissent d'herbe, de racines et de graines. D'autres rongent tout ce qu'ils trouvent.

L'écureuil mange souvent au même endroit dans un arbre. Il tient la noisette entre ses pattes avant, puis la brise de ses dents puissantes.

Les rats vivent en colonies près des canalisations, des décharges, des vieux immeubles et même chez les gens. Ils mangent de tout. Ils peuvent ronger les câbles, les murs, le bois et les matières plastiques.

DOIGT-SOURIS

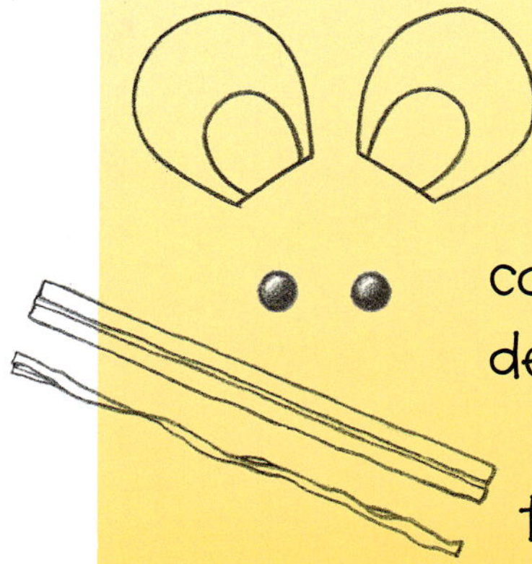

Fais deux oreilles en carton. Trouve deux perles noires et tords trois tiges en papier, comme indiqué. Dessine un nez et une bouche sur le doigt d'un gant, puis colle les oreilles, les yeux et les moustaches.

Le castor est un bâtisseur etonnant. Il ronge le bas des arbres afin de les faire tomber, puis se sert des troncs pour retenir l'eau. Au milieu de l'étang qu'il a ainsi produit, il construit ensuite sa hutte avec des branches et des brindilles.

La marmotte est un rongeur à beau pelage, qui vit en groupe dans des terriers de montagne. L'hiver, elles bloquent l'entrée du terrier pour pouvoir dormir jusqu'au printemps.

Les marsupiaux

Les marsupiaux sont des mammifères qui portent leur petit dans une poche ventrale. Dès qu'il est né, le bébé rampe vers la poche de sa maman et reste là jusqu'à ce qu'il ait achevé sa croissance.

Le kangourou vit en Australie. Il a de fortes et longues pattes arrière pour bondir et aller vite. Sa queue assure son équilibre. À sa naissance, le petit kangourou n'est pas plus grand qu'un ongle. Il reste dans la poche de sa mère pendant neuf mois ou plus.

Le koala n'est pas un ours. C'est un parent de l'opossum. Il vit dans les eucalyptus d'Australie. Il ne mange que les feuilles de cet arbre. Elles sont si juteuses que les koalas n'ont pas besoin de boire.

L'opossum vit dans les arbres. Le bébé reste dix semaines dans la poche de sa mère. Une fois sorti, il se cramponne à son dos.

TROUSSE-KANGOUROU

Dessine et découpe la silhouette d'un kangourou sur du feutre, ainsi que ses oreilles et sa poche. Colle les oreilles et couds la poche. Dessine sa tête, ses yeux et ses pattes.

Mammifères d'eau

Certains mammifères passent leur temps dans l'eau. Ils sont bons nageurs. Beaucoup plongent assez profond afin d'attraper des poissons. Ils peuvent rester longtemps sous l'eau, mais il leur faut remonter à la surface pour respirer.

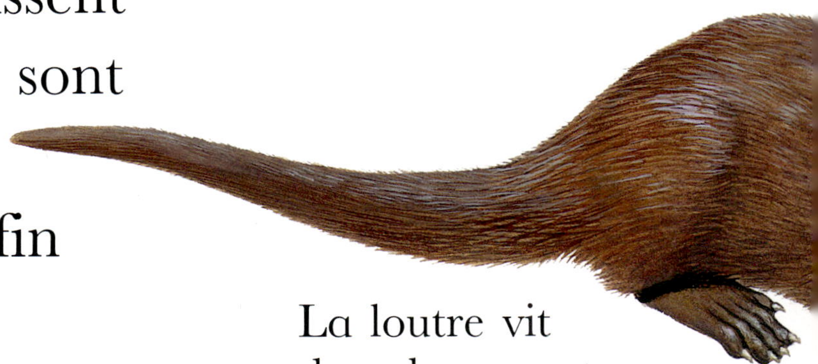

La loutre vit dans la mer et les rivières. Son pelage épais et imperméable la garde au chaud quand elle nage en eau froide.

L'hippopotame vit en Afrique. Le jour, il se vautre dans l'eau des rivières pour rester au frais. La nuit, il sort pour brouter des plantes.

La baleine bleue est le plus grand animal du monde. Elle mange des petits crustacés, qu'elle filtre par ses fanons, sorte de rideau rigide ne laissant sortir que l'eau.

Le phoque vit dans les mers froides. Son corps est protégé du froid par une épaisse couche de graisse. Il a des nageoires à la place des pattes arrière. Il nage vite et chasse les poissons, les calmars et les poulpes.

Autres mammifères

De la petite souris à l'énorme baleine, les mammifères ont toutes sortes de formes et de tailles. Certains sont très bizarres.

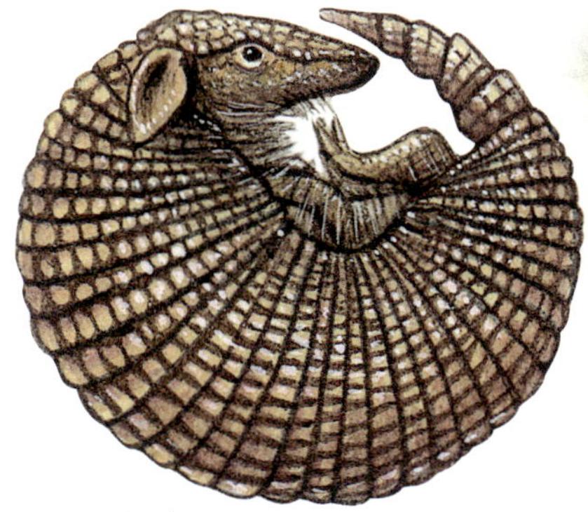

Le tatou se met en boule quand il est en danger. Sa carapace osseuse le protège.

L'oryctérope vit dans la savane africaine. Il se nourrit de termites. Quand il trouve une termitière, il creuse dedans avec ses griffes. De sa longue langue visqueuse il lèche ensuite les insectes.

INVENTE UN ANIMAL

Replie une longue feuille de papier, comme indiqué. Avec un copain, dessinez à tour de rôle une partie différente d'un animal sur chaque face, sans vous consulter. Dépliez le papier et découvrez l'animal que vous venez d'inventer !

La girafe a de longues pattes et un très long cou, qui peut atteindre la cime des arbres. Elle peut alors arracher des feuilles juteuses hors de la portée des autres animaux.

L'ornithorynque est poilu, mais il a un bec plat et des pattes palmées comme un canard. C'est le seul mammifère ovipare.

Espèces en danger

Certaines espèces animales sont en train de disparaître. Des milliers d'animaux meurent chaque jour parce que l'homme abat les forêts où ils vivent. D'autres sont tués en masse par les chasseurs.

Le grand pingouin a disparu de la planète. L'homme l'a chassé pour le manger jusqu'à ce qu'il n'en reste plus aucun.

Les tigres étaient en voie de disparition en Inde. Une campagne a été lancée pour les sauver. On a créé des réserves où ils vivent désormais en sécurité.

Le panda géant est l'un des animaux les plus rares du monde. Il n'en reste qu'un millier à peine, dans des régions sauvages de Chine. Il ne mange que du bambou. Mais parfois le bambou s'épuise et les pandas meurent, faute de nourriture.

Le rhinocéros d'Afrique mange des feuilles et des branches. On l'a longtemps chassé pour ses cornes, surtout en Asie, car on en faisait des médicaments. À présent, il est interdit de tuer les rhinocéros.

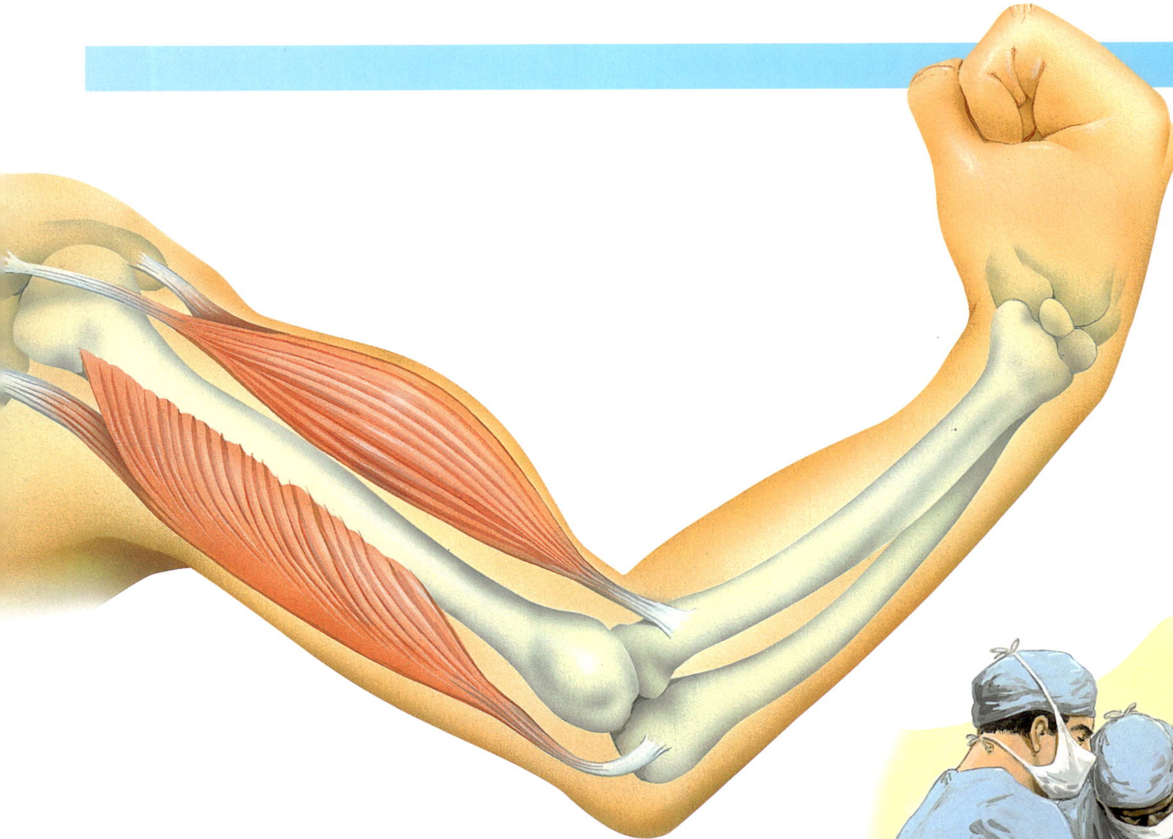

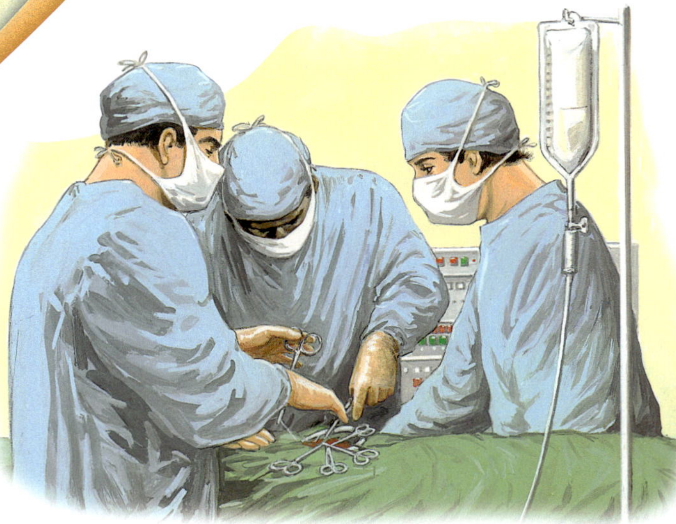

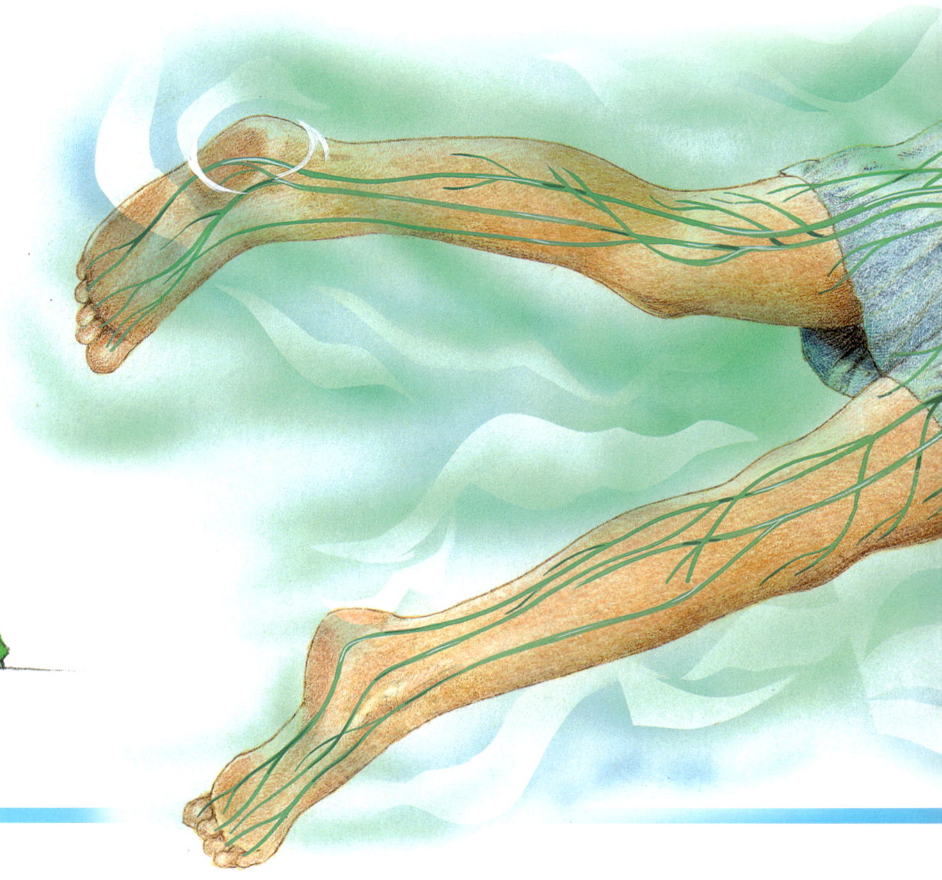

Ton corps

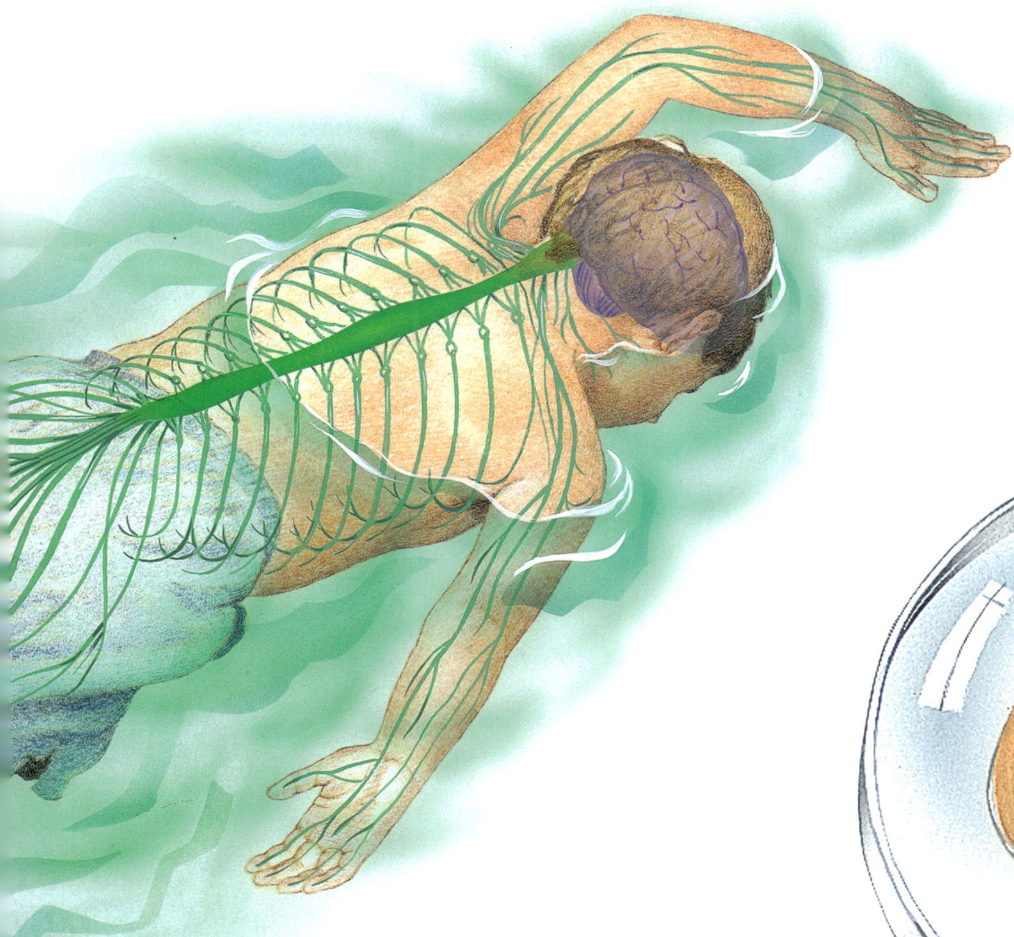

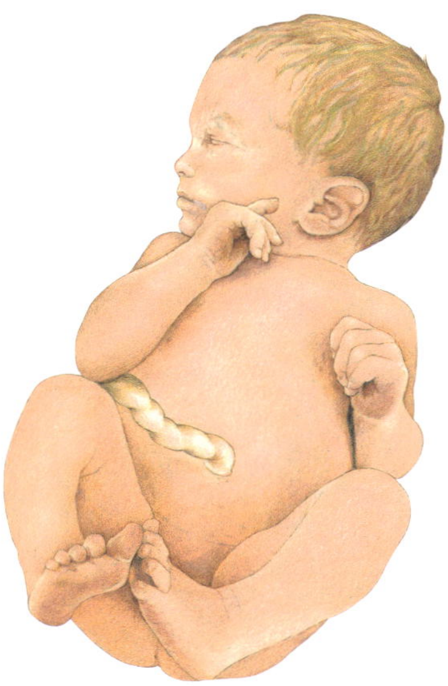

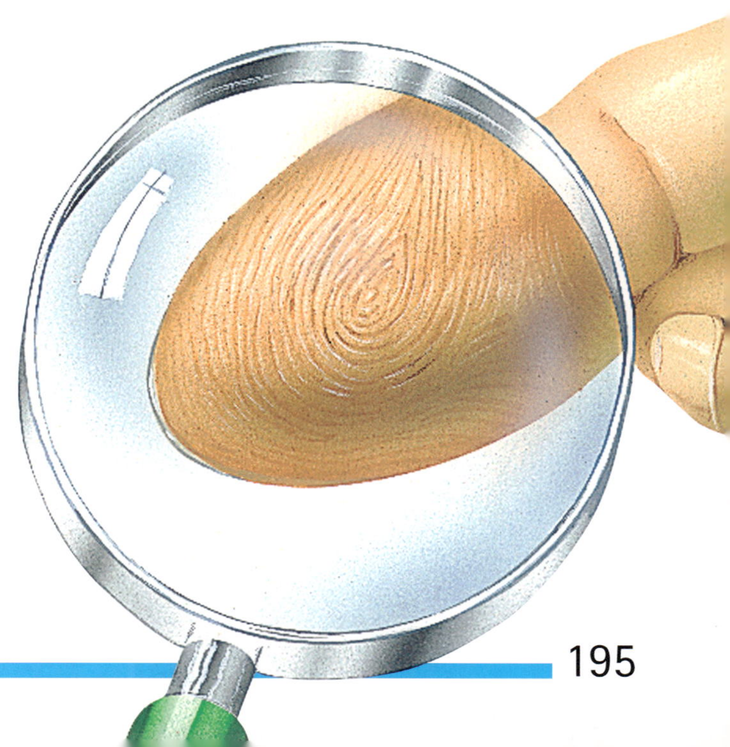

Nous tous

Le monde est habité par des millions de gens, tous différents par la taille, les traits et la couleur de la peau. Mais au-delà de ces différences, notre corps est fait de la même manière, avec les mêmes éléments et fonctions.

Pense à tous ceux que tu connais. Jamais deux personnes ne sont tout à fait identiques. De par le monde, il n'existe aucun être qui soit exactement comme toi.

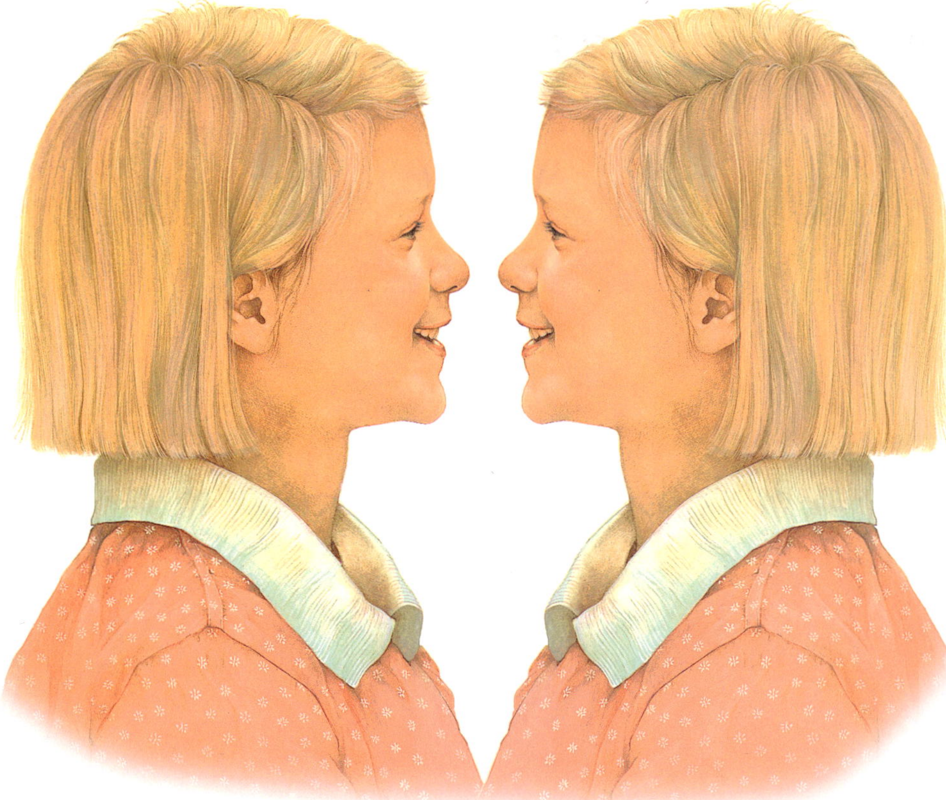

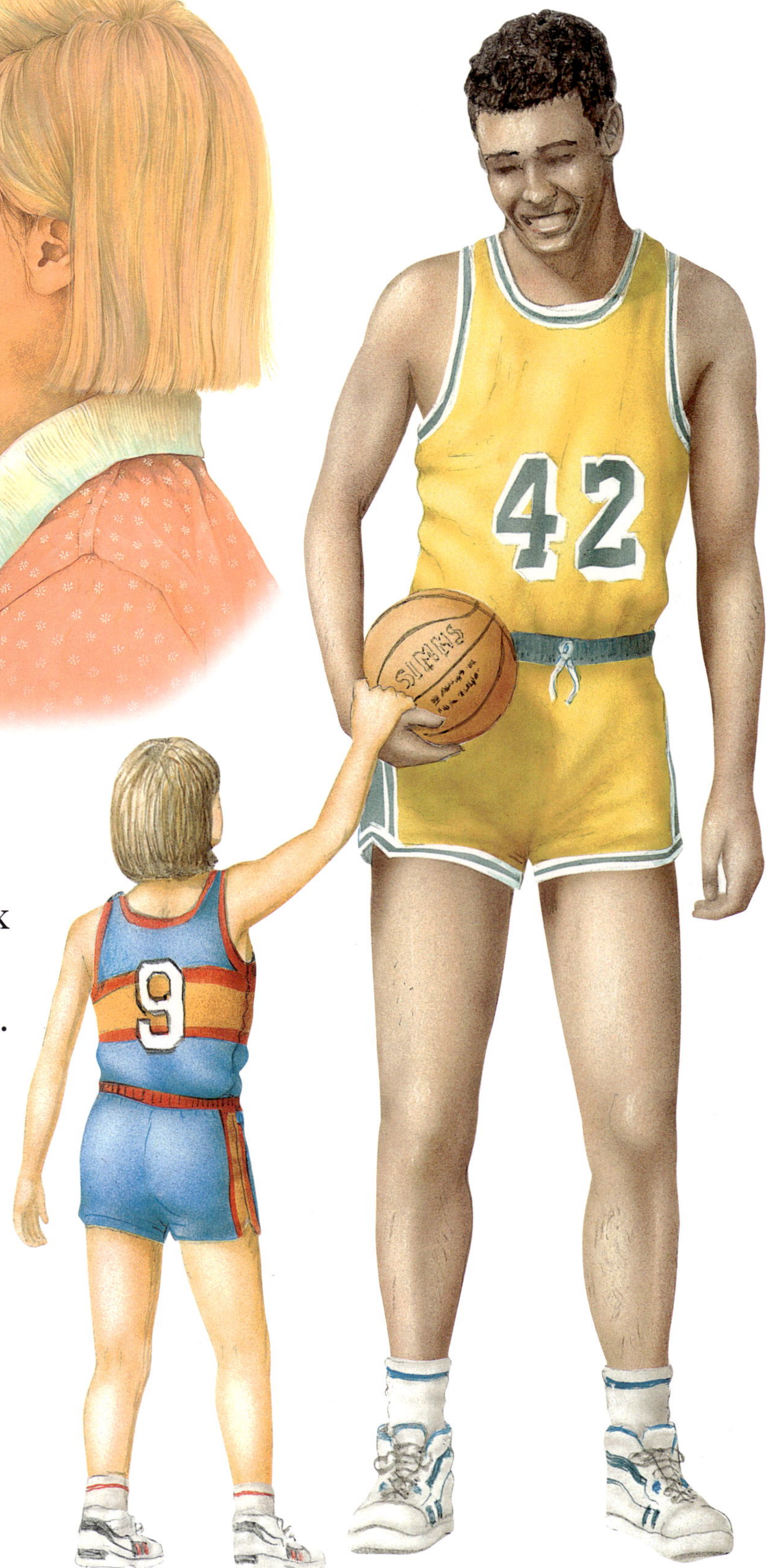

Les vrais jumeaux sont les êtres qui se ressemblent le plus. Ce sont toujours deux filles ou deux garçons. Les faux jumeaux se ressemblent aussi, mais à la manière des frères et sœurs. Ils n'appartiennent pas toujours au même sexe.

Ton corps est plus petit que celui d'un adulte, mais il est constitué de la même façon. Les parties de ton corps grandissent en même temps que toi, certaines changent un peu quand tu es adulte.

Vu de l'intérieur

À l'intérieur de ton corps, il y a des organes qui travaillent sans arrêt. Chacun a une mission à remplir pour que l'ensemble marche bien. Nos organes sont un peu comme les différentes parties d'une machine.

Le cerveau, les poumons, le cœur, le foie, l'estomac et les intestins sont des organes. Ils reçoivent tout ce dont ils ont besoin par le sang qui coule dans tout ton corps.

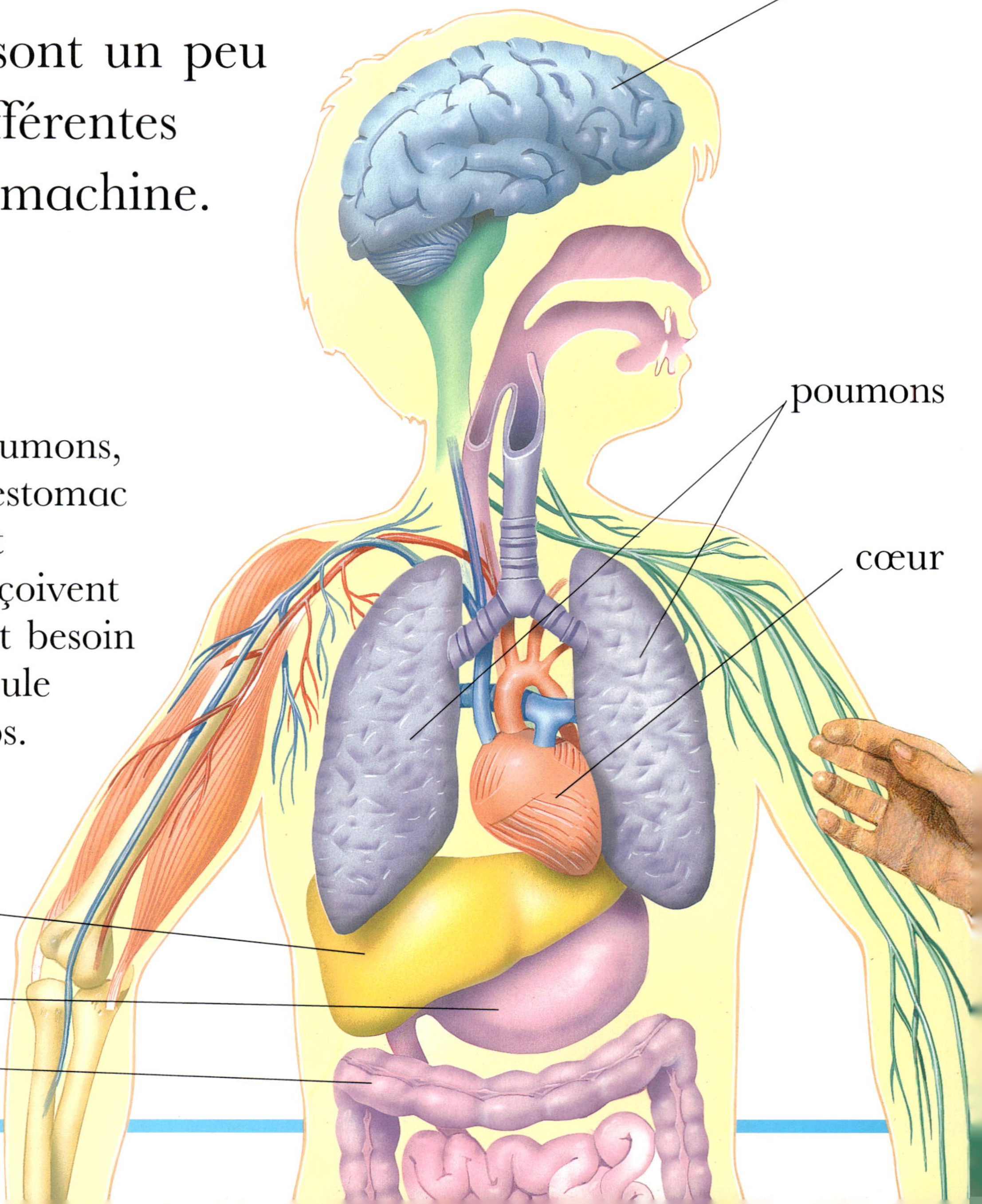

Ton cœur envoie du sang à toutes les parties de ton corps. Il bat tout le temps, durant toute notre vie, environ 70 fois par minute.

PRENDRE LE POULS

Appuie deux doigts sur ton poignet, juste au-dessus des plis. Compte les battements perçus en 15 secondes. Multiplie ce nombre par 4 et tu connaîtras ton pouls : combien de fois ton cœur a battu en une minute.

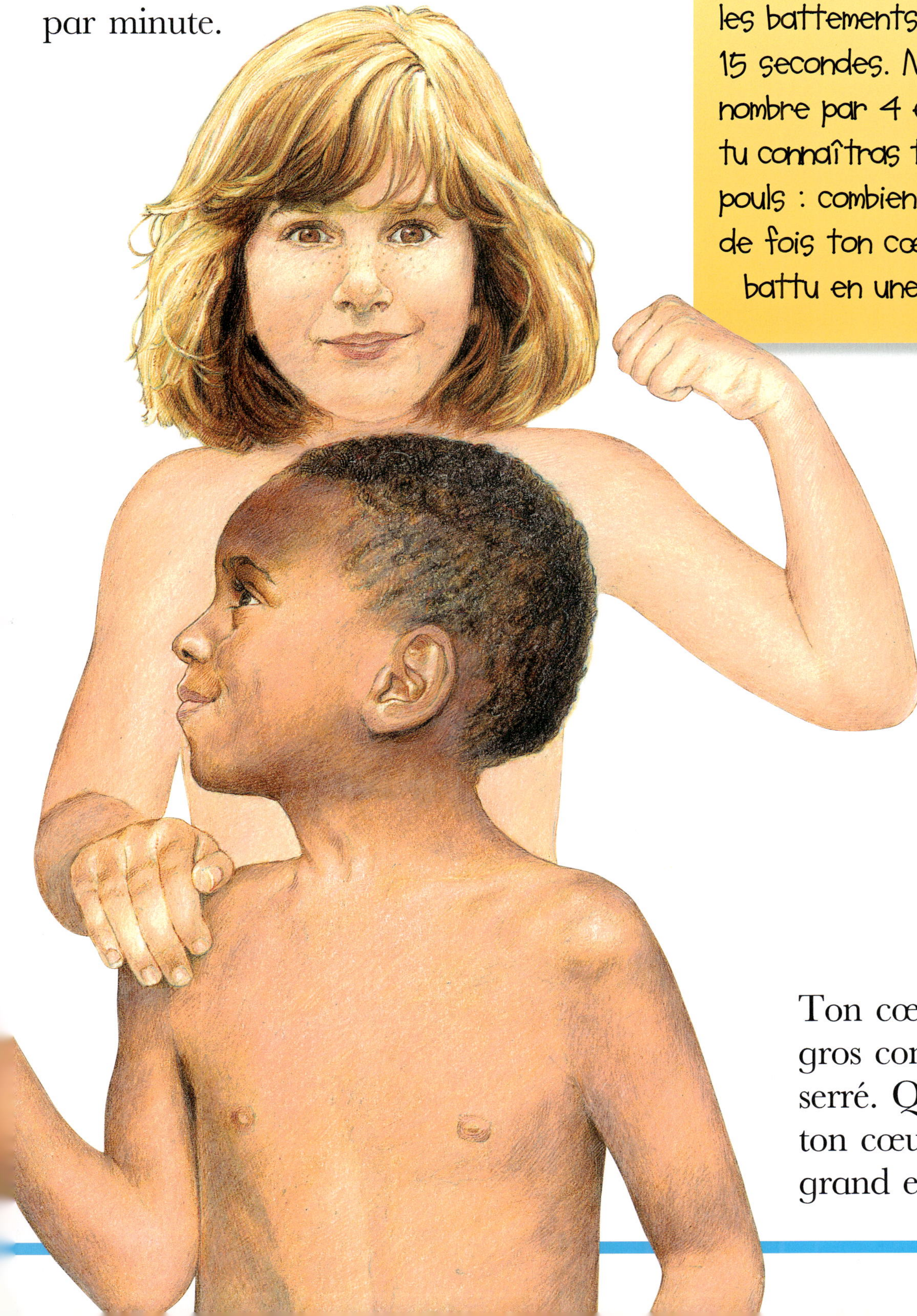

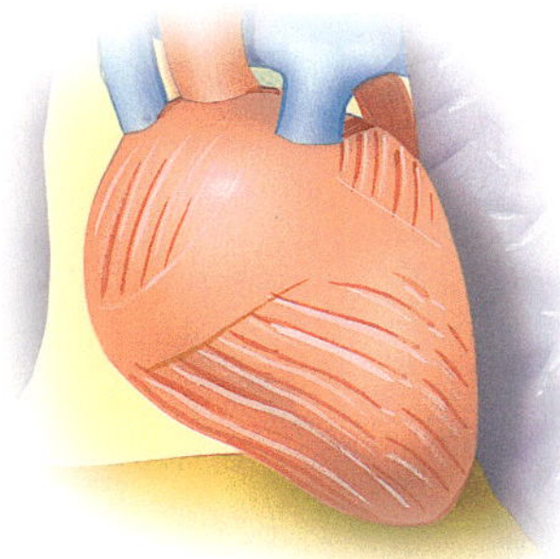

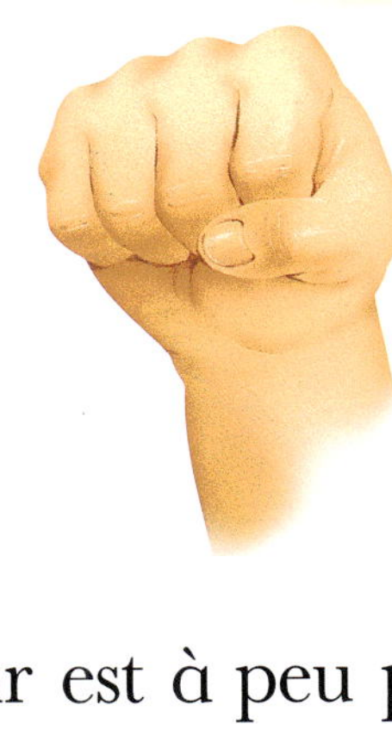

Ton cœur est à peu près gros comme ton poing serré. Quand tu grandis, ton cœur devient plus grand et plus fort.

Le squelette

Plus de 200 os s'articulent pour former ton squelette. Cette solide ossature soutient et protège tes organes. Sans elle, tu ne pourrais pas tenir debout, ni faire aucun mouvement, ni marcher.

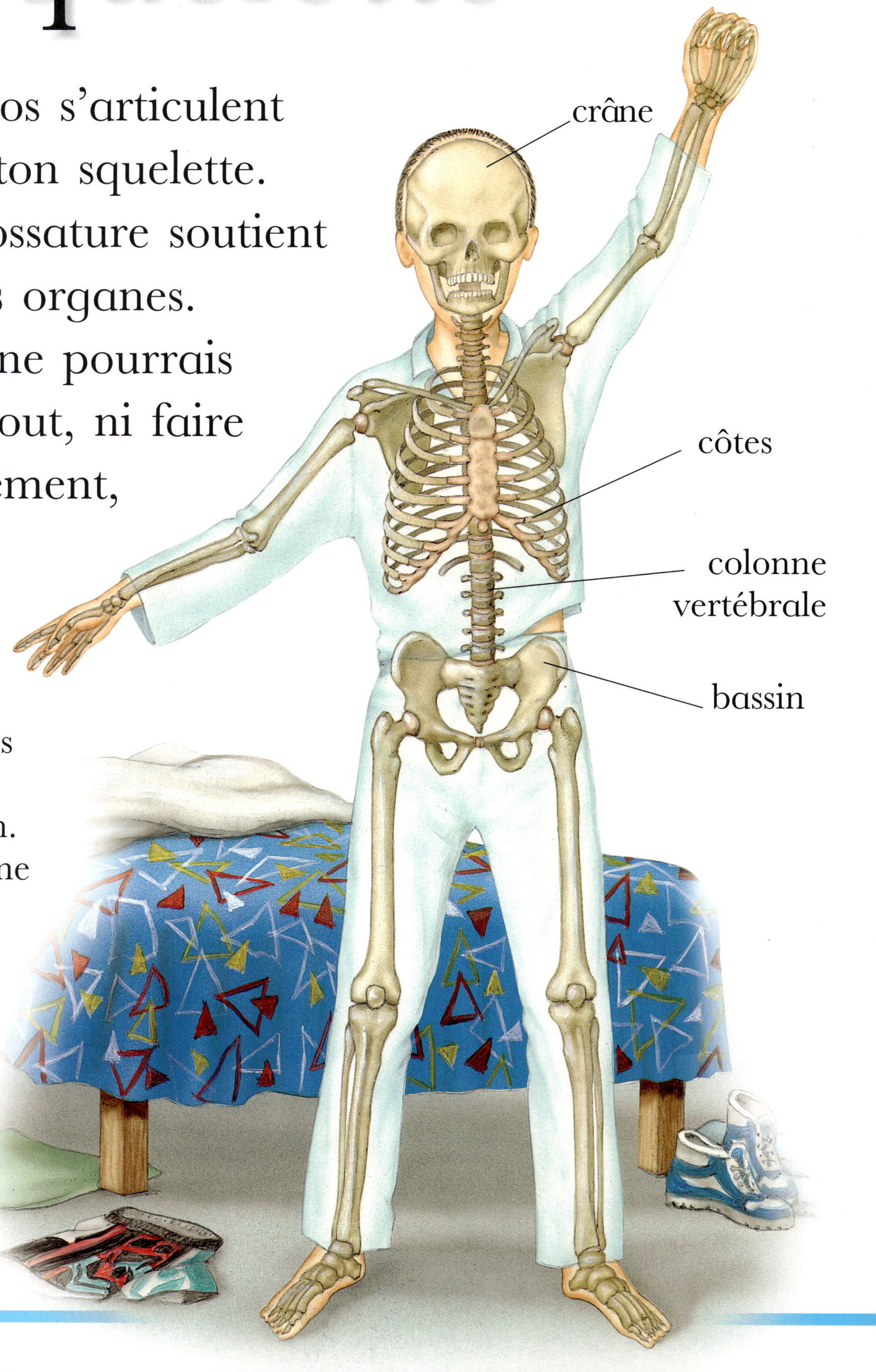

Les os ont diverses formes et tailles, selon leur fonction. Le crâne forme une solide protection pour ton cerveau délicat. Ta cage thoracique (les côtes) entoure ta poitrine et protège tes organes vitaux.

Les os sont liés par des articulations. Chaque extrémité d'os s'ajuste ou se glisse dans une autre, en douceur.

basket

Les articulations te permettent de pratiquer plein de sports.

football

PANTIN D'HALLOWEEN

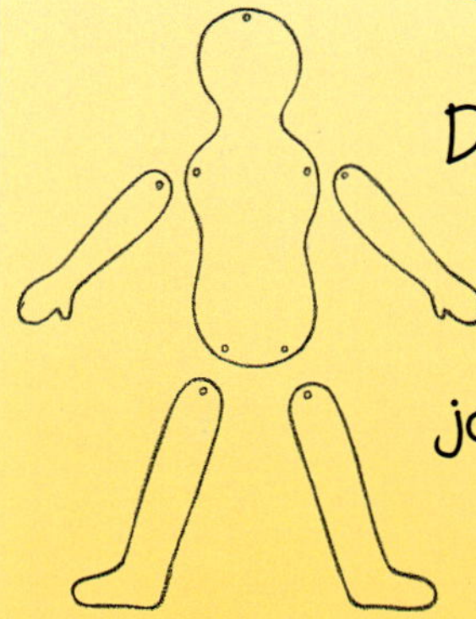

Dessine et découpe un corps, avec bras et jambes, sur du bristol noir. Fais de petits trous, comme indiqué, afin d'attacher ensuite les différentes parties entre elles. Peins un squelette sur ce corps noir avec de la peinture blanche. Suspends ton pantin à un fil pour faire peur à tes copains !

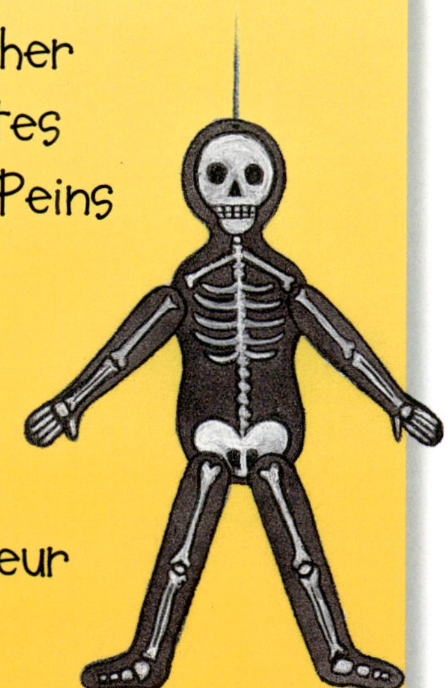

danse

tennis

baseball

bicyclette

Le corps de ces enfants s'assouplit et s'étire pendant qu'ils font du sport.

La peau

Ton corps est recouvert de peau, un tissu imperméable et élastique qui te va comme un gant. La peau te protège de la saleté et des microbes, tout en gardant ton corps à la bonne température.

La peau de tes doigts a de fines lignes qui t'aident à mieux saisir les objets. Pour chaque individu l'empreinte digitale est unique.

La peau contient un pigment, appelé mélanine, qui la protège des rayons du soleil. Plus il y a de mélanine, plus la peau est brune. C'est le cas des gens qui vivent dans des endroits très chauds et ensoleillés.

La peau s'use et se renouvelle sans cesse. Des poils poussent dans la couche la plus profonde de la peau. Les terminaisons nerveuses te donnent les sensations. Les glandes sudoripares produisent la sueur qui sort par les pores, ce qui rafraîchit ton corps.

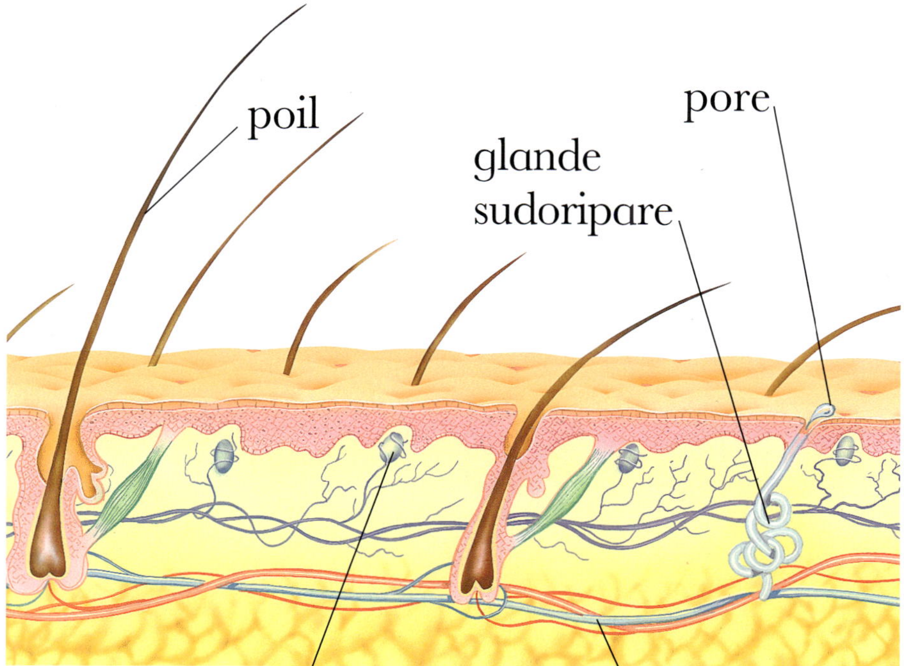

Quand tu as froid, tu deviens pâle car les vaisseaux sanguins de ta peau rétrécissent pour ne pas perdre la chaleur. Tes poils se dressent aussi pour la retenir. Et tu frissonnes afin de te réchauffer.

JOUE AU DÉTECTIVE

Pour prendre les empreintes d'un copain, passe ses doigts sur un tampon d'encre, puis dis-lui de les appuyer sur une feuille de papier. Examine ensuite à la loupe ses empreintes digitales.

Le cerveau

Le cerveau est le centre de contrôle de tout ton corps : il le fait travailler sans jamais s'arrêter. Quand tu veux faire un mouvement, ton cerveau envoie un message à la partie concernée pour lui donner des instructions. Grâce à lui, tu peux penser et avoir des sensations.

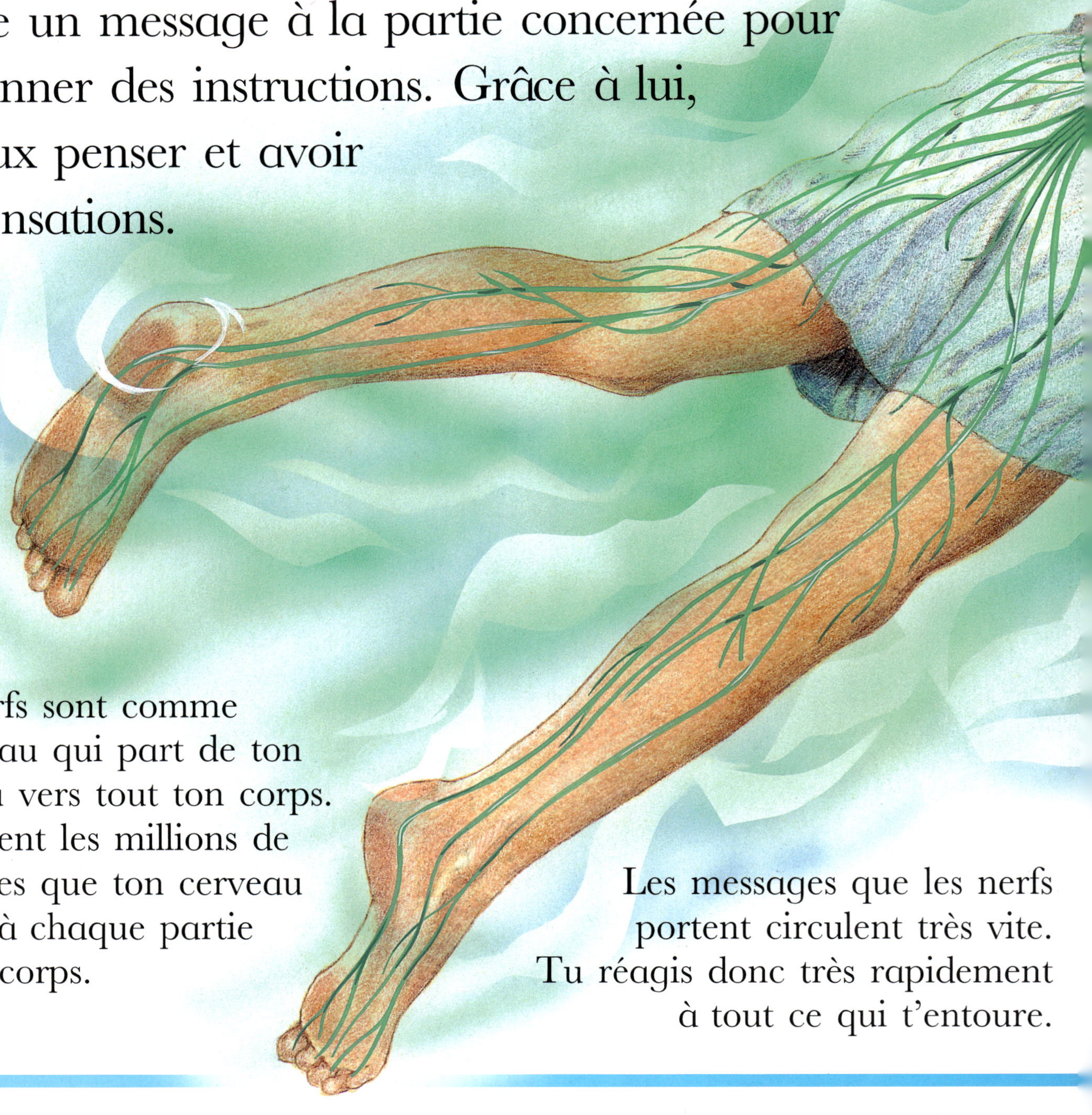

Tes nerfs sont comme un réseau qui part de ton cerveau vers tout ton corps. Ils portent les millions de messages que ton cerveau envoie à chaque partie de ton corps.

Les messages que les nerfs portent circulent très vite. Tu réagis donc très rapidement à tout ce qui t'entoure.

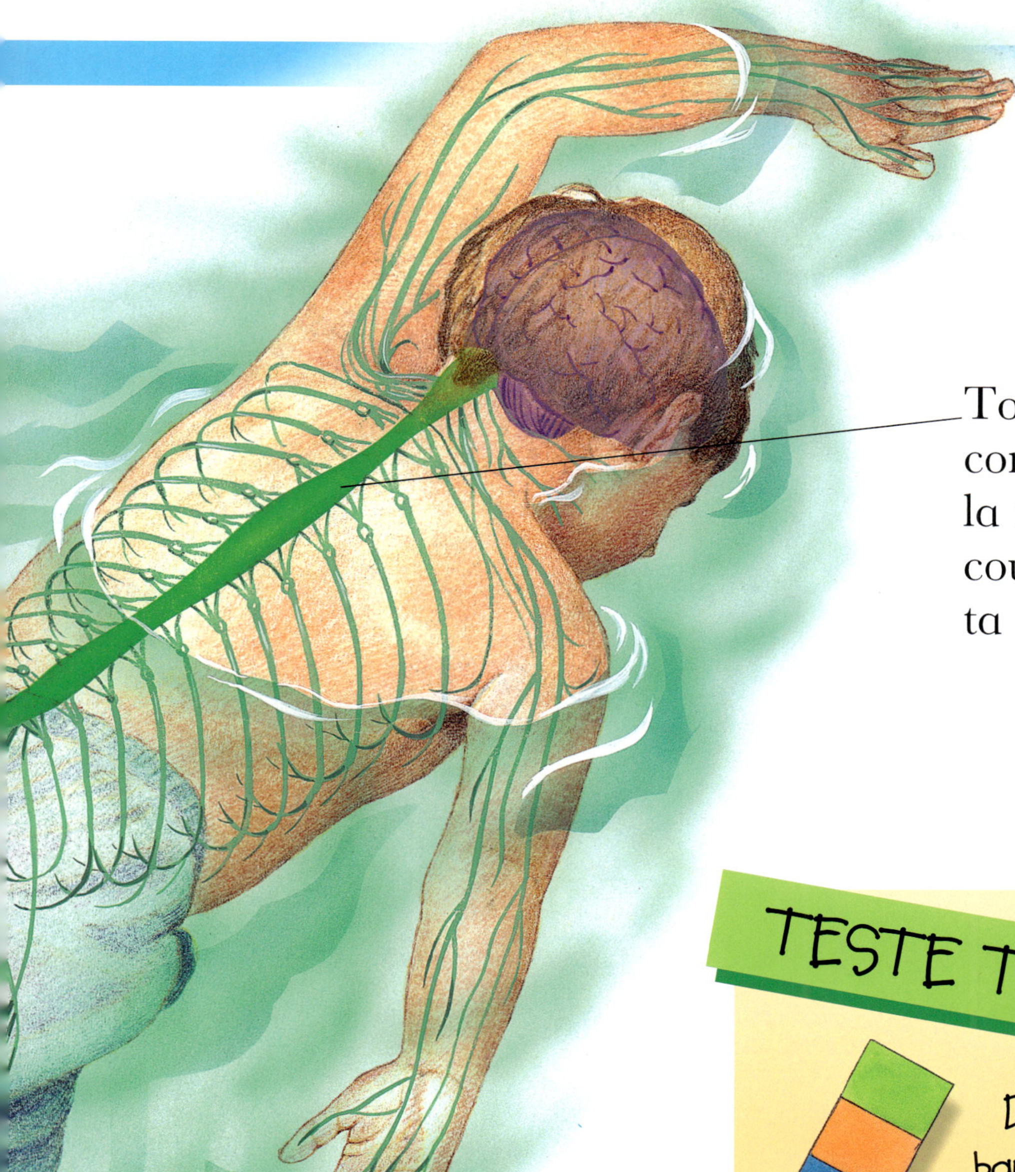

Ton cerveau est connecté aux nerfs par la moelle épinière, qui court tout au long de ta colonne vertébrale.

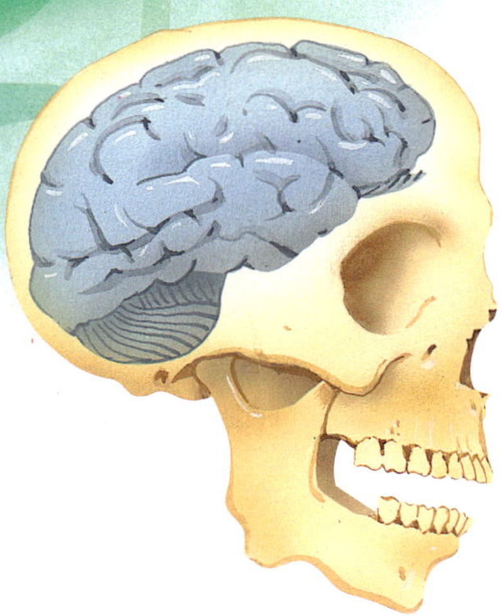

Ton cerveau est à l'abri à l'intérieur du crâne.

TESTE TES RÉACTIONS

Découpe une longue bande de carton. Trace et colorie six sections de 5 cm, comme indiqué. Demande à un ami de la tenir, de sorte que le rouge soit entre ton pouce et tes doigts. Quand ton ami lâche la bande, essaie de l'attraper. Tu peux contrôler ta vitesse de réaction à l'aide des couleurs.

Les muscles

Tu as plus de 600 muscles qui t'aident à faire toutes sortes de mouvements. Quand tu sautes, mâches ou fermes les yeux, tu utilises différents muscles. Le cerveau les contrôle tous, même pendant ton sommeil.

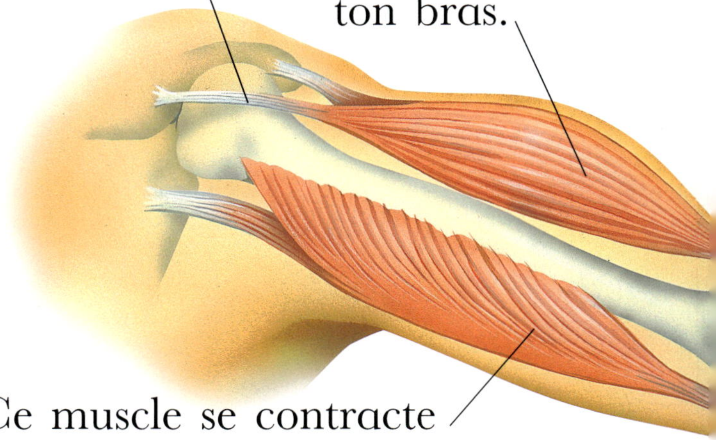

Les muscles sont attachés aux os par des tendons. Tes muscles se contractent pour faire bouger les os et travaillent en général par paires.

Cette gymnaste se sert de centaines de muscles à la fois. Elle s'entraîne pour renforcer ses muscles, afin d'accomplir tous ces mouvements plus facilement.

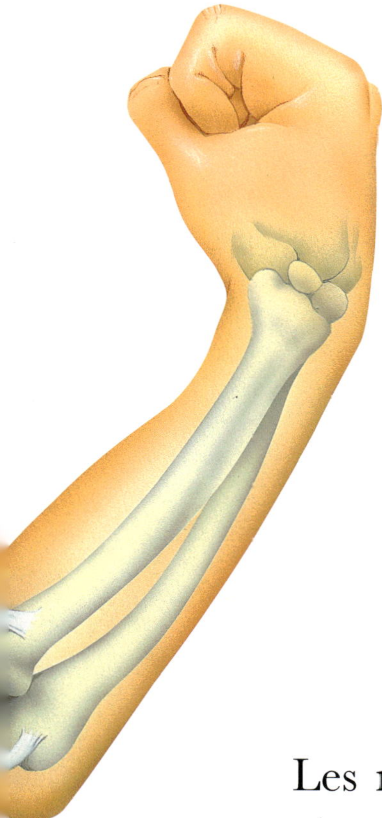

CONCOURS DE GRIMACES

Certains petits muscles de ton visage sont difficiles à utiliser. Fais un concours avec tes amis pour voir qui peut faire bouger les oreilles, les narines ou les sourcils, sans rien bouger d'autre en même temps.

Les muscles de ton visage sont sans cesse en activité. Il y en a de tout petits qui se contractent pour que tu ouvres et fermes les yeux afin de les maintenir humectés… 20 000 fois par jour !

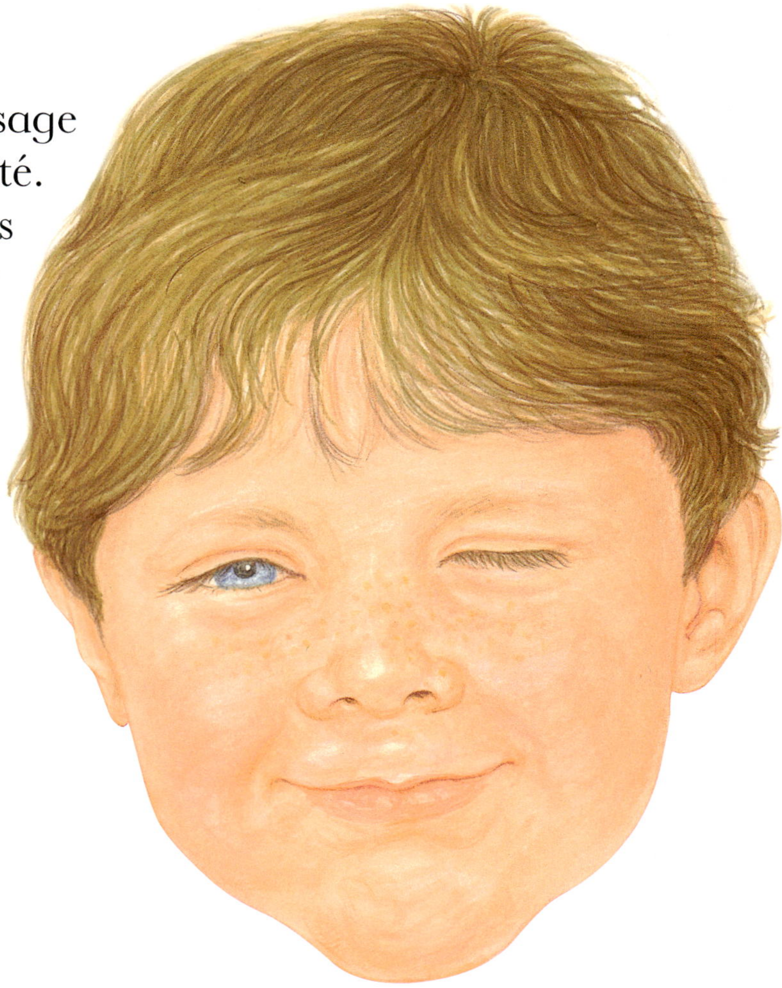

La respiration

Tu n'arrêtes de respirer à aucun moment, même quand tu dors. L'air qui s'introduit dans tes poumons contient l'oxygène dont tu as besoin pour rester en vie. À partir de tes poumons, l'oxygène est amené par ton sang à chaque partie de ton corps.

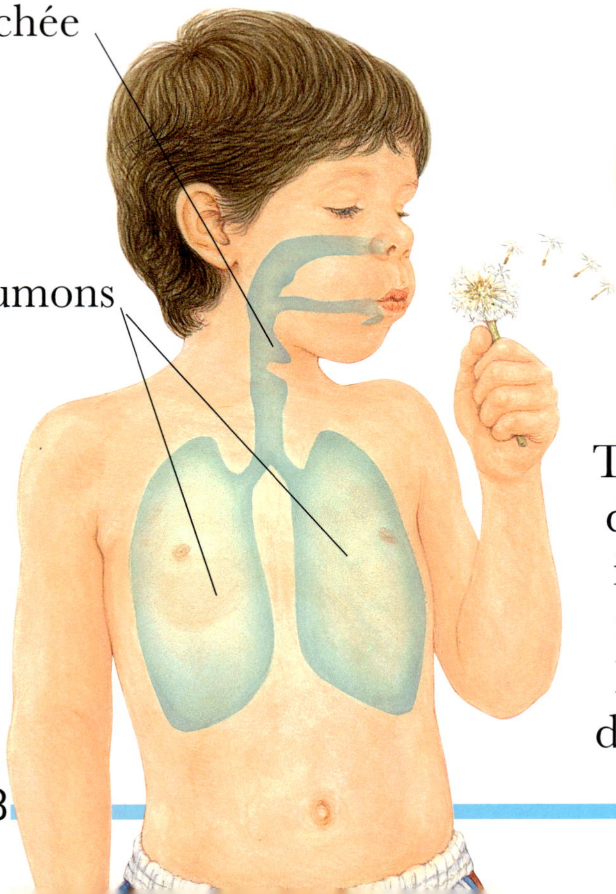

Tes poumons sont comme des éponges. Quand tu inspires, ils s'emplissent d'air. Quand tu expires, ils évacuent vers l'extérieur le gaz carbonique dont ton corps n'a pas besoin.

On ne peut pas respirer sous l'eau ni dans l'espace parce qu'il n'y a pas d'air. Les plongeurs portent des bouteilles d'oxygène sur le dos. Ils respirent par les tubes reliés à leur réserve d'oxygène.

Quand ton nez te chatouille, tu éternues : tu rejettes de la poussière et des microbes. Quand tu tousses, ton corps se débarrasse de la poussière et de quelques germes qui ont atteint tes poumons.

Les sens

Tu te sers de tes yeux, oreilles, nez, peau et langue pour percevoir ce qui t'entoure. Tu vois, entends, sens, touches et goûtes les choses. En fait, tu utilises tes cinq sens.

Tu as des sensations à travers ta peau. Celle du bout de tes doigts est très sensible. Les non-voyants s'en servent pour lire leurs textes en braille.

Il est difficile de marcher les yeux bandés car tes yeux te donnent beaucoup d'informations. De même, tes oreilles perçoivent une grande quantité de sons très divers.

Tu goûtes à l'aide de
ta langue, mais ton nez est
tout aussi important.
On perçoit mieux le goût
des choses quand on peut
les sentir aussi.

Les odeurs qui sont
dans l'air sont perçues
par notre nez quand
on respire. Tu peux
reconnaître
la différence entre
un millier d'odeurs,
aussi bien
les bonnes que les
mauvaises odeurs.

Ta bouche

Tu te sers de ta bouche pour manger et pour parler. Tes dents mâchent la nourriture et ta langue t'aide à l'avaler. Quand tu parles, tes lèvres, ta langue et tes dents modifient les sons que tu produis.

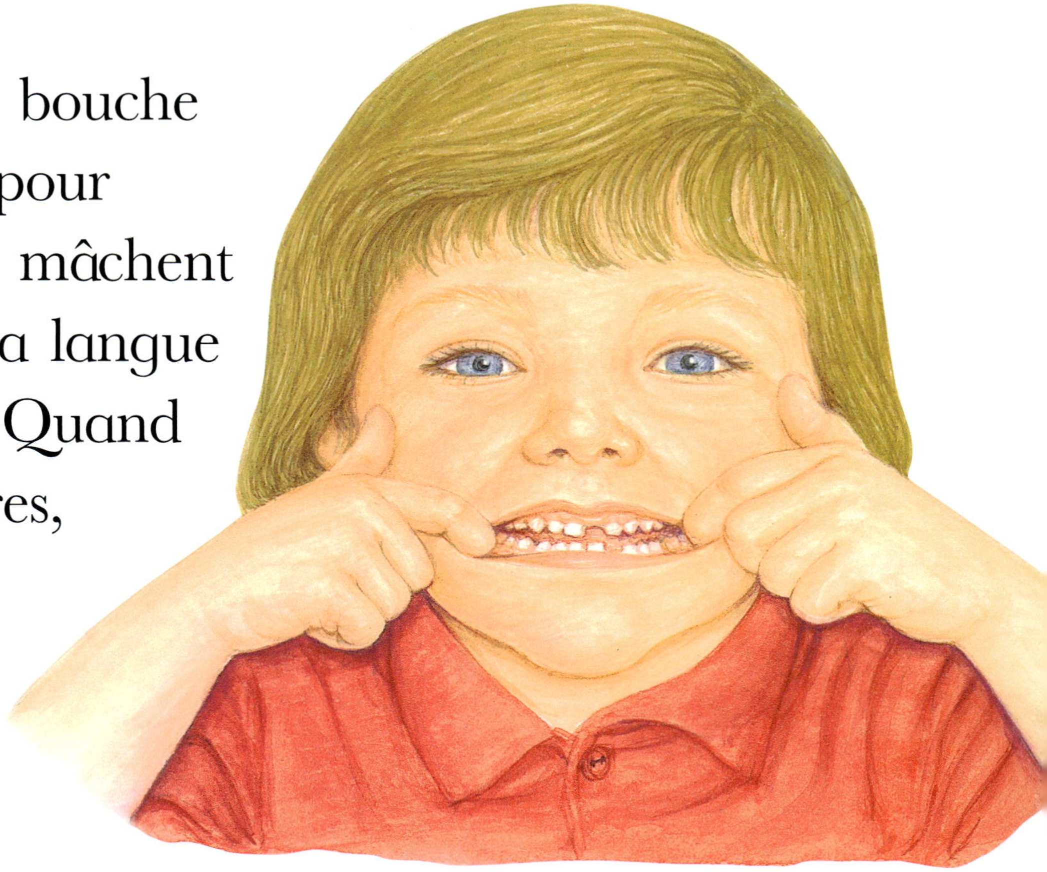

Les premières dents sont appelées dents de lait. Vers six ans, tes dents de lait commencent à tomber pour laisser pousser tes dents définitives.

Ta langue est couverte de petites bosses, les papilles gustatives. Elles reconnaissent différents goûts selon qu'elles se trouvent devant, derrière ou sur les côtés.

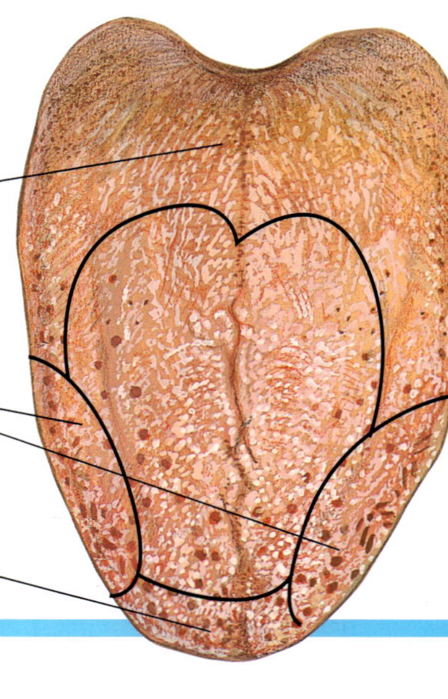

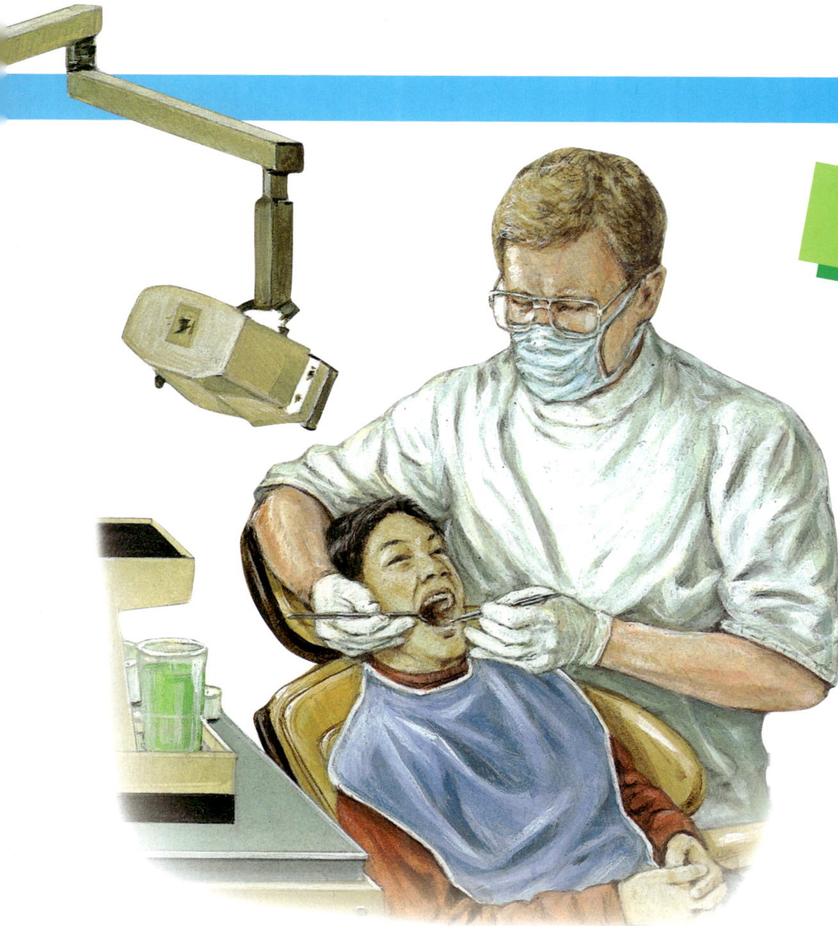

Le dentiste t'aide à prendre soin de tes dents. Quand tu vas le voir, il observe la croissance et la santé de ta dentition. Il s'occupe aussi de soigner tes caries.

L'ACIDE ATTAQUE !

Demande à un adulte de préparer un œuf dur. Mets-le dans un verre avec du vinaigre pendant deux jours. Regarde ensuite comment le vinaigre a rongé la coquille. Les bonbons et les boissons gazeuses font la même chose à tes dents.

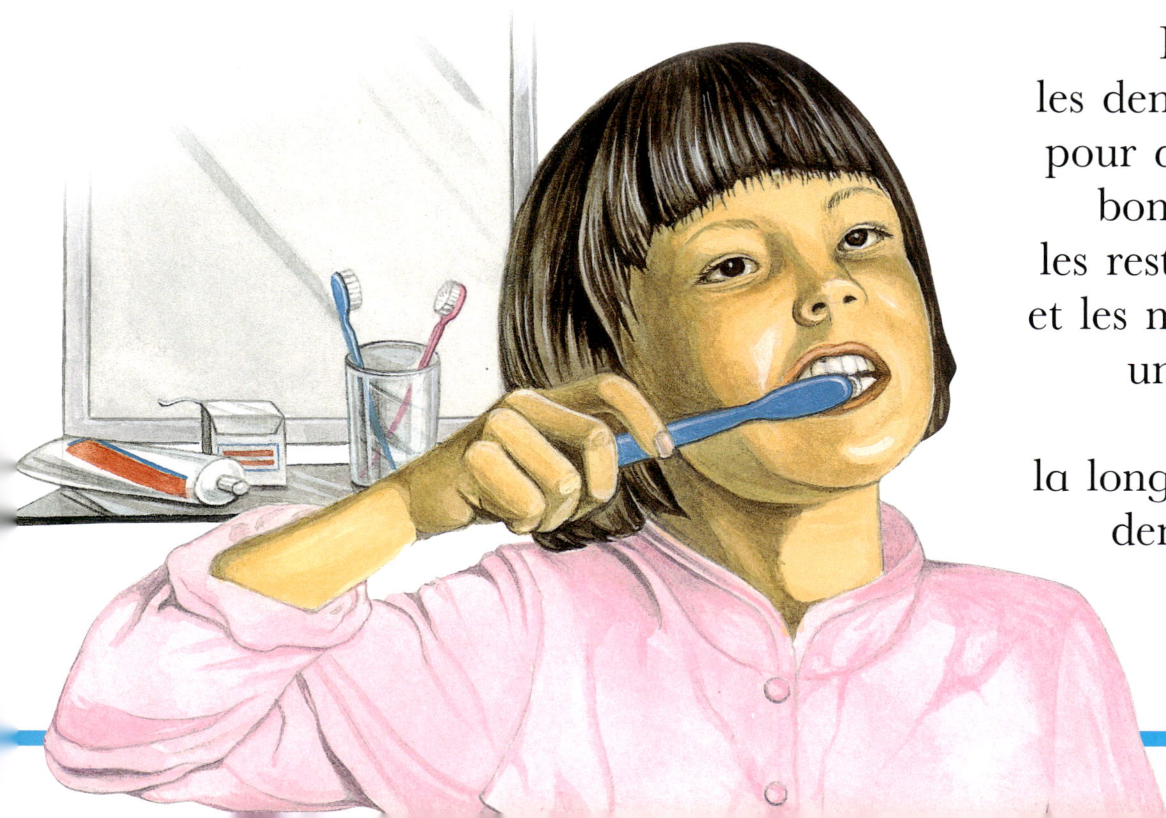

Il faut se brosser les dents régulièrement pour qu'elles soient en bonne santé. Sinon, les restes de nourriture et les microbes forment une plaque nocive qui provoque à la longue des maux de dents désagréables.

Manger

Ce que tu manges doit te fournir ce dont tu as besoin pour vivre et grandir. Il faut que tu te nourrisses de différents aliments pour être fort et en bonne santé, car ils contiennent tout ce qui est important pour ton corps.

Les fruits et les légumes sont pleins de vitamines et de substances dont ton corps a besoin. Il faut en manger de toutes sortes.

Ton corps tire de la nourriture l'énergie qu'il te faut pour jouer et travailler. C'est pourquoi il est important de faire trois repas dans la journée.

MENU HEBDOMADAIRE

Fais un tableau avec les jours de la semaine, comme indiqué. Note ce que tu manges à chaque repas pendant une semaine. Ta nourriture est-elle suffisamment variée ?

Quand tu as avalé, la nourriture glisse par ton œsophage jusqu'à ton estomac. Là, elle devient une bouillie qui passe dans tes intestins. Les substances nécessaires sont filtrées par les parois intestinales et se retrouvent dans le sang.

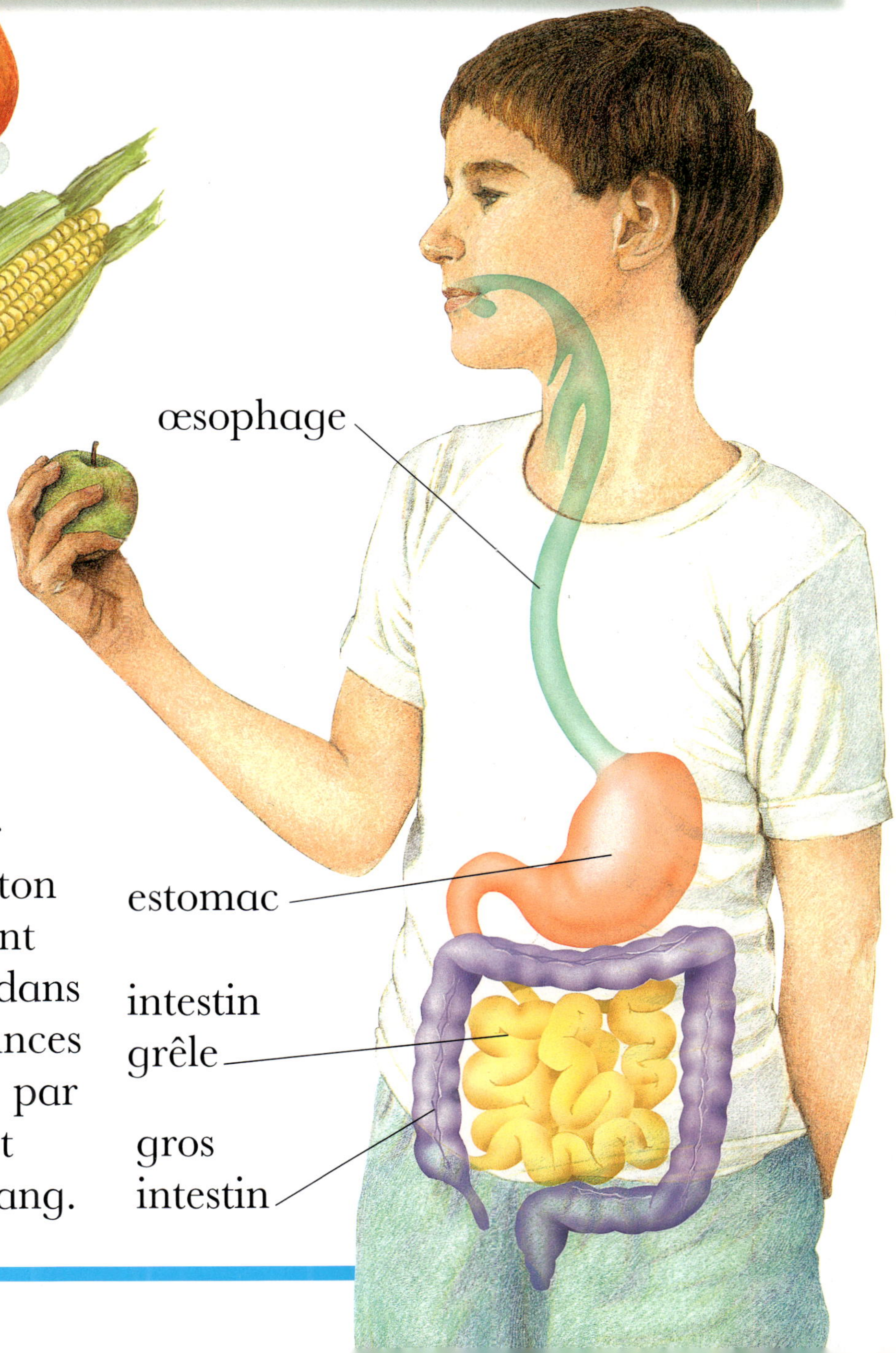

Les bébés

Tu as commencé ta vie, pas plus grand qu'un petit pois, dans le ventre de ta mère. Pendant neuf mois, tu as grandi peu à peu, comme le bébé de l'image. Puis, le jour de ta naissance, tu es sorti pour découvrir ton nouveau monde.

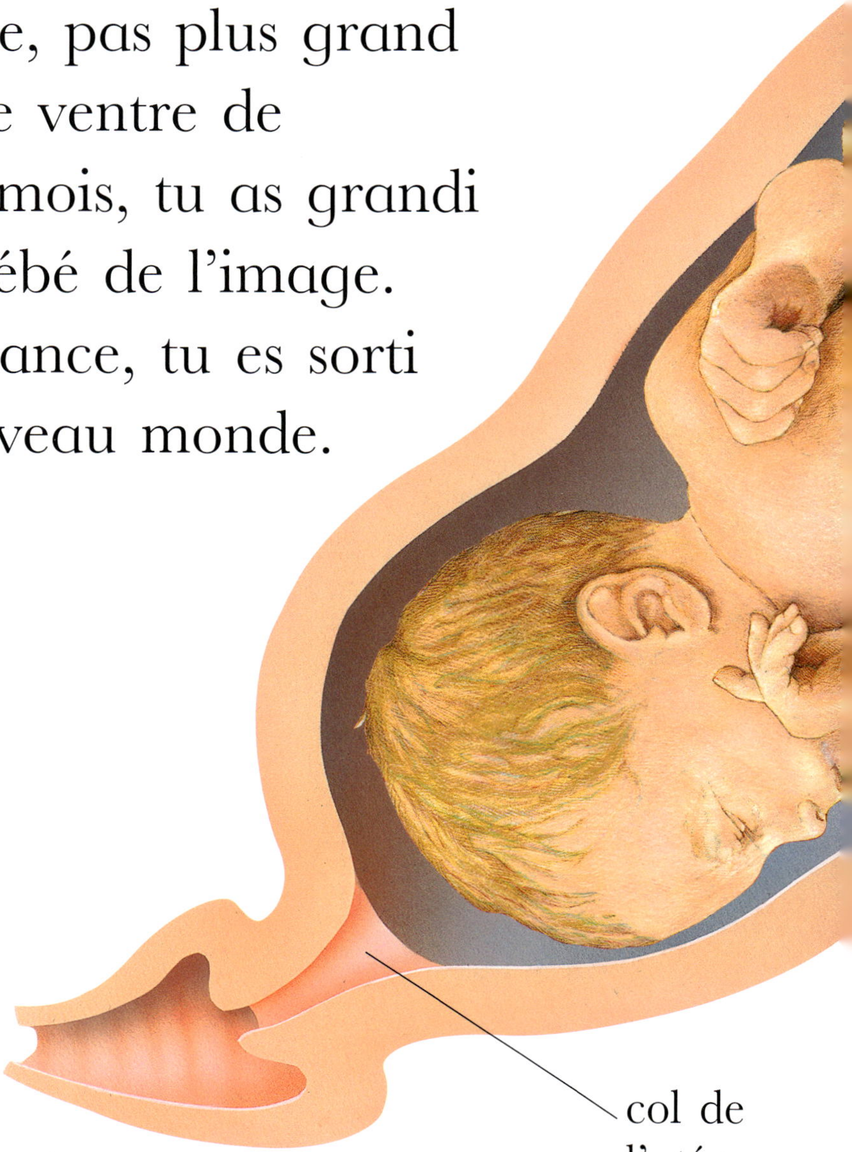

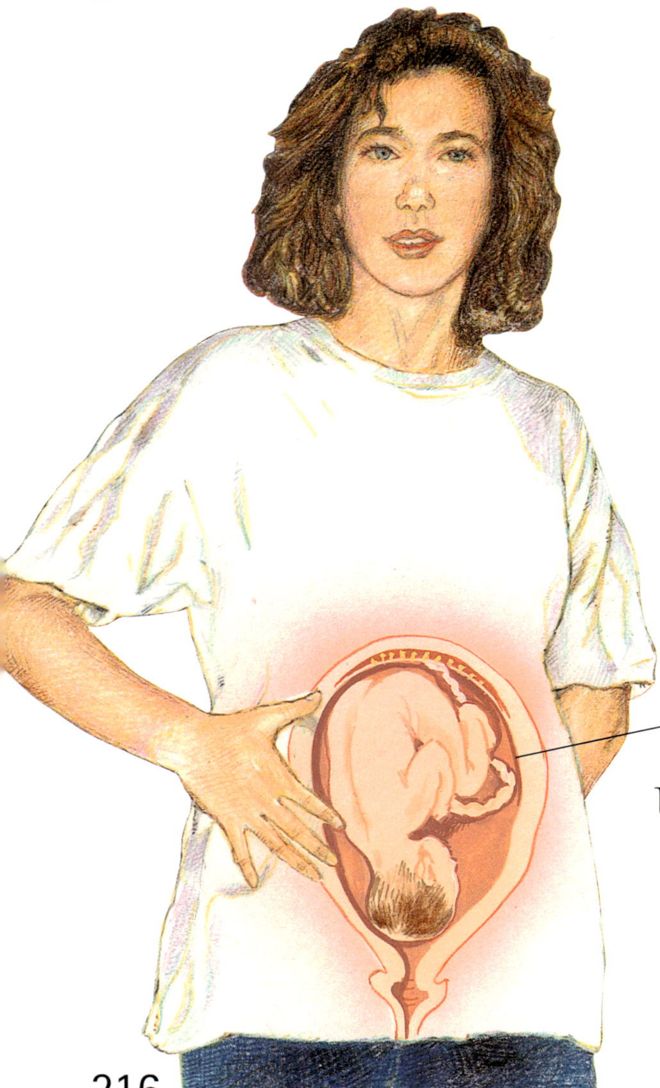

Un bébé grandit dans le ventre de sa mère. Il nage dans une poche de liquide chaud qui le protège. Le ventre de la mère grossit au fur et à mesure que son bébé se développe.

Le bébé reçoit l'air et la nourriture par le cordon ombilical. Quand il est prêt à naître, le ventre de sa mère se contracte et pousse le bébé vers l'extérieur, par le col de l'utérus. Sa tête apparaît d'abord, le reste du corps suit.

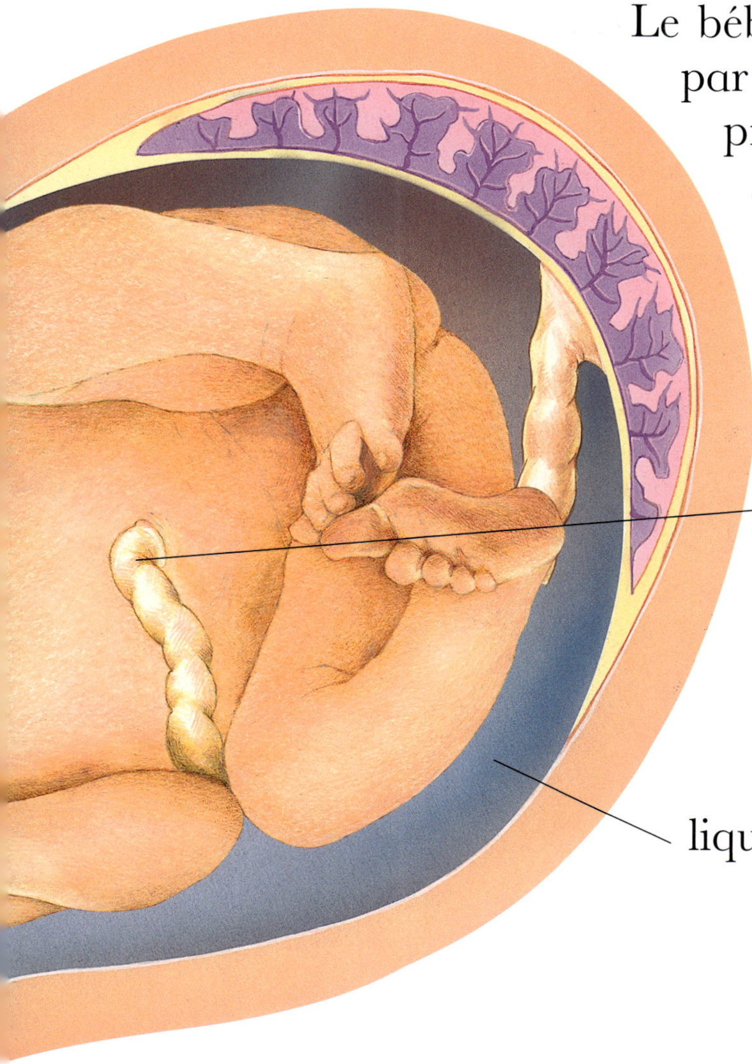

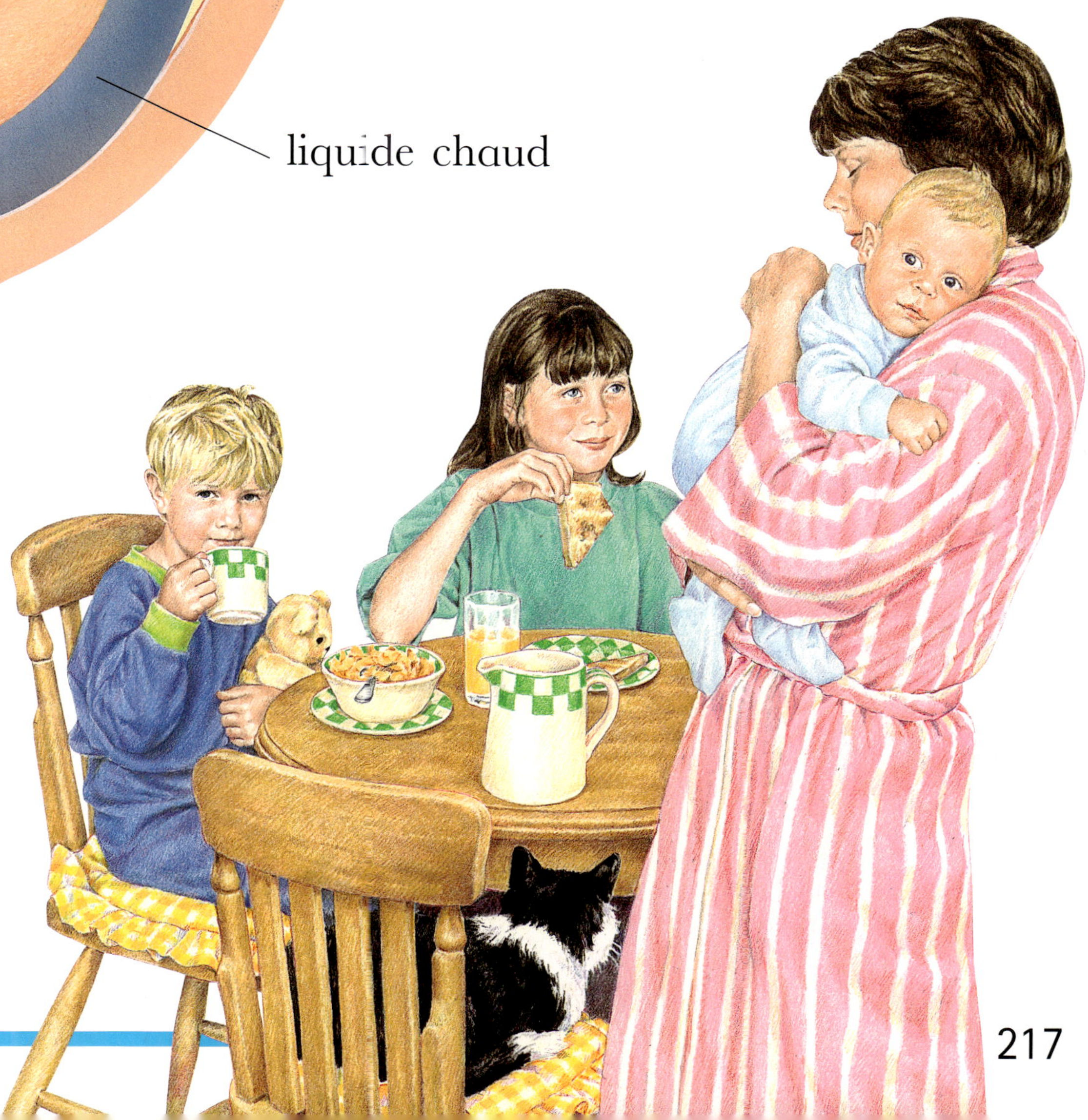

Un petit bébé n'a pas encore appris à se débrouiller tout seul. On doit s'en occuper tout le temps.

Grandir

Ton corps change tout au long de ta vie. Un bébé devient un enfant, puis un adolescent, puis un adulte. Il peut alors travailler et avoir des bébés à son tour. Au cours de ton enfance, tu apprends les choses qui te serviront plus tard dans la vie.

L'enfant apprend vite. Tout petit, il apprend en jouant. Plus tard, il va à l'école pour apprendre à lire, à écrire et à compter. Il découvre le monde qui l'entoure. Mais il se fait aussi beaucoup d'amis, avec qui il joue à plein de jeux amusants.

Tout le monde change en vieillissant. Parfois les gens âgés deviennent petits parce que leur corps se tasse. Leurs cheveux blanchissent et leur peau se ride de plus en plus.

Quand les gens deviennent vieux, ils prennent leur retraite. Ils ne travaillent plus et ont du temps pour faire tout ce qui leur plaît, comme s'occuper de leurs petits-enfants.

Dormir

On a tous besoin de dormir pour que le corps récupère après une journée agitée. Quand tu dors, ton corps travaille plus lentement. Ta respiration ralentit et tes muscles se détendent. Pendant ce temps, toi, tu rêves.

Dans l'espace, il n'y a pas de gravité. Les astronautes doivent donc s'attacher dans leurs sacs de couchage pour dormir. Sinon ils flotteraient partout dans le vaisseau spatial.

Les bébés et les enfants ont besoin de beaucoup de sommeil car ils usent pas mal d'énergie rien qu'en grandissant, contrairement aux adultes. La plupart des enfants dorment au moins 12 heures.

Il y a des gens qui marchent dans leur sommeil. Cela s'appelle le somnambulisme. Le lendemain matin, au réveil, ils ne se rappellent rien de ce qu'ils ont fait.

JOURNAL DES RÊVES

Quand on dort, nos rêves nous semblent réels. Mais on les oublie très vite. Essaie de tenir un journal de tes rêves. Dès que tu te réveilles, note ce dont tu as rêvé. Certains rêves te paraîtront étranges. Tu peux t'en servir comme idées pour tes dessins ou pour écrire de belles histoires.

Tomber malade

Il arrive que tu tombes malade. Il se peut que tu tousses, que tu aies de la fièvre, des boutons ou des douleurs. C'est signe que ton corps se défend contre une infection, causée par de mauvais petits microbes qu'on ne voit pas.

Certaines maladies, comme la varicelle, sont infectieuses, c'est-à-dire faciles à attraper. Mais une fois que tu les a eues, tu ne peux plus les avoir.

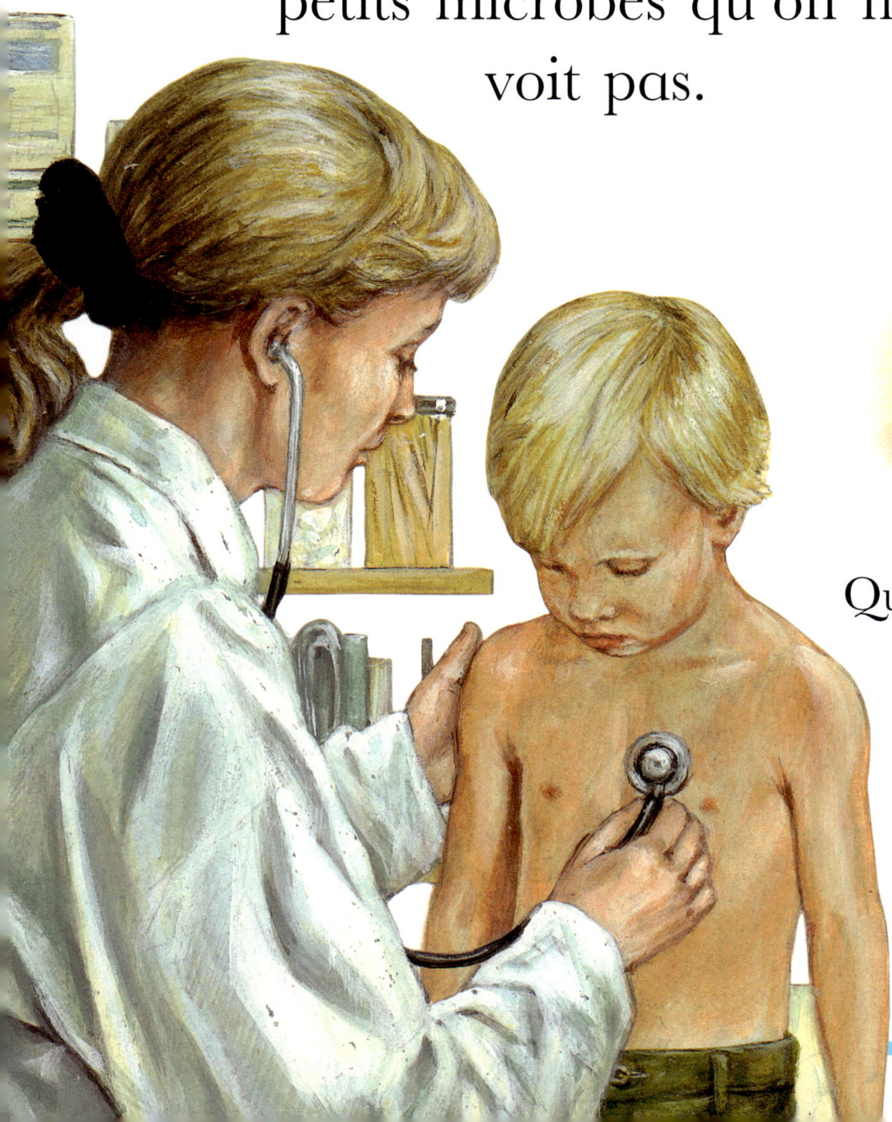

Quand tu es malade, tu dois être examiné par un docteur, qui te pose des questions, ausculte ton cœur et tes poumons, regarde ta gorge, tes yeux et tes oreilles. Il te prescrit ensuite des médicaments pour te guérir.

Il existe des médicaments pour différentes maladies. Certains sont sous forme de piqûres, d'autres de cachets. Les asthmatiques se servent d'inhalateurs qui les aident à mieux respirer.

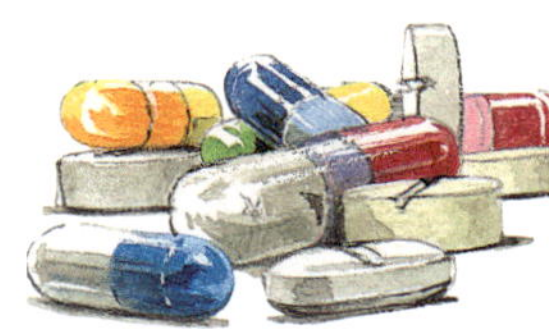

capsules et cachets

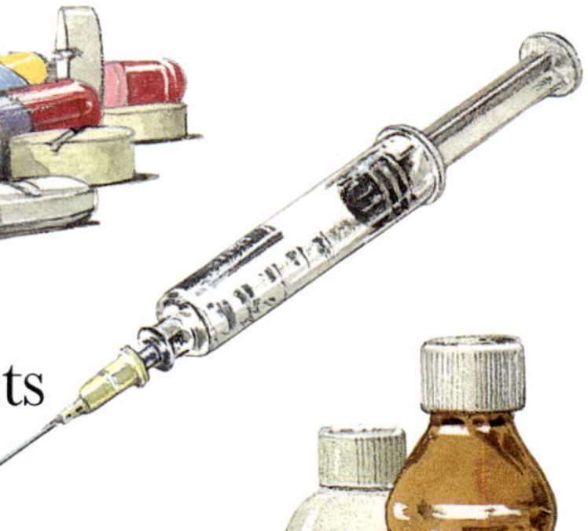

seringue pour piqûre

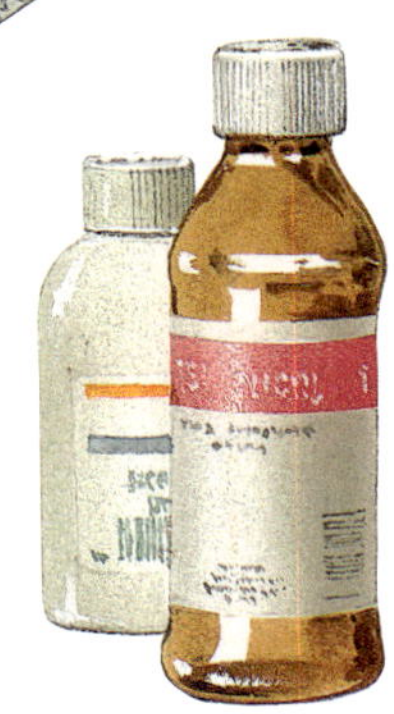

sirops

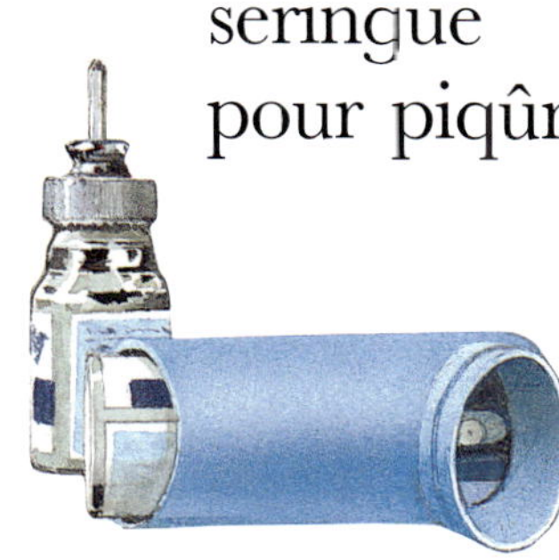

inhalateur

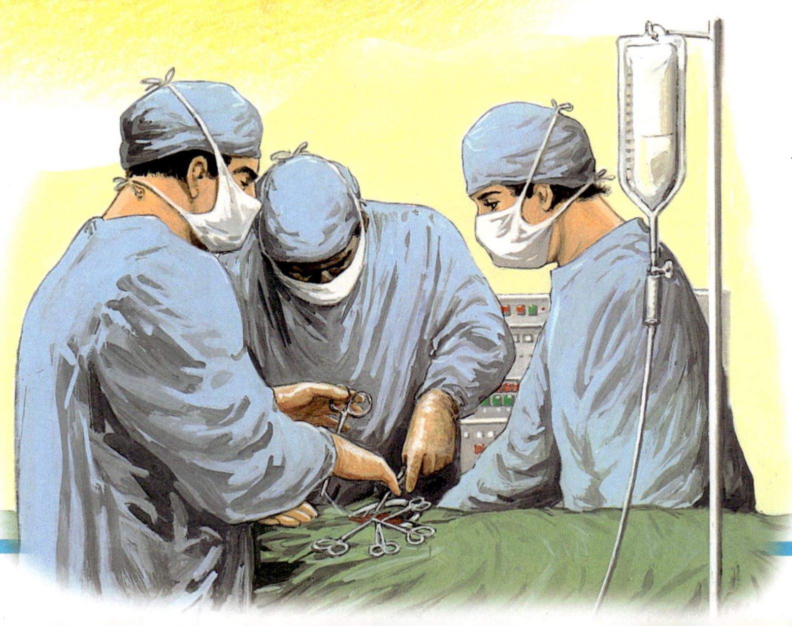

Après un accident ou quand on a une maladie grave, on doit aller à l'hôpital. Une opération est parfois nécessaire pour réparer une partie du corps qui était malade. On reste à l'hôpital jusqu'à la guérison.

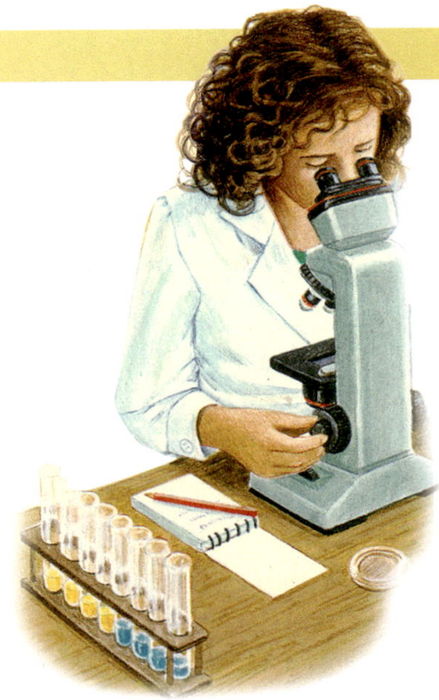

Pays et peuples

De par le monde

Des milliards de gens vivent sur Terre. Ils habitent différents pays et parlent des langues diverses. Partout on fait des choses semblables, mais il y a aussi des coutumes et des traditions locales.

Chaque pays a ses propres timbres postaux. Souvent ils illustrent des spécificités locales.

Ces enfants sont d'un peu partout dans le monde. Ils portent le drapeau de leur pays. Chaque pays a son drapeau, avec parfois un symbole qui le caractérise : une image ou un motif représentant quelque chose de spécial pour ses habitants.

Chaque pays a une monnaie qui se compose de pièces et de billets. Plusieurs pays d'Europe utilisent aujourd'hui la même monnaie, l'euro (€).

Autour de toi

Que tu habites en ville ou à la campagne, il existe un plan des lieux qui montre l'endroit vu d'en haut. Les plans sont plus petits que ce qu'ils désignent, mais ils donnent des renseignements importants.

Imagine ce que voit un oiseau qui vole au-dessus d'une ville. Tout semble différent vu d'en haut.

Voilà un plan de la ville vue d'avion. Il montre les rues, les bâtiments et l'étang avec des formes simples. Tout est tracé à l'échelle : la taille de chaque élément est juste par rapport aux autres.

PLAN DE TA CHAMBRE

Fais le plan de ta chambre comme si tu étais une mouche au plafond. Dessine des formes simples pour représenter les meubles. Pour que tout soit à la bonne taille, mesure la pièce et le mobilier avec des pas. Fais ton plan sur du papier millimétré. Le côté de chaque carreau comptera pour un de tes pas.

Les maisons

Les maisons sont très différentes selon les régions du monde. Elles sont construites avec les matériaux que les gens ont sur place : pierres ou briques, bois, terre ou roseaux.

Certains peuples sont nomades : ils vont d'un endroit à l'autre. Ces nomades vivent en Mongolie dans des tentes rondes appelées yourtes.

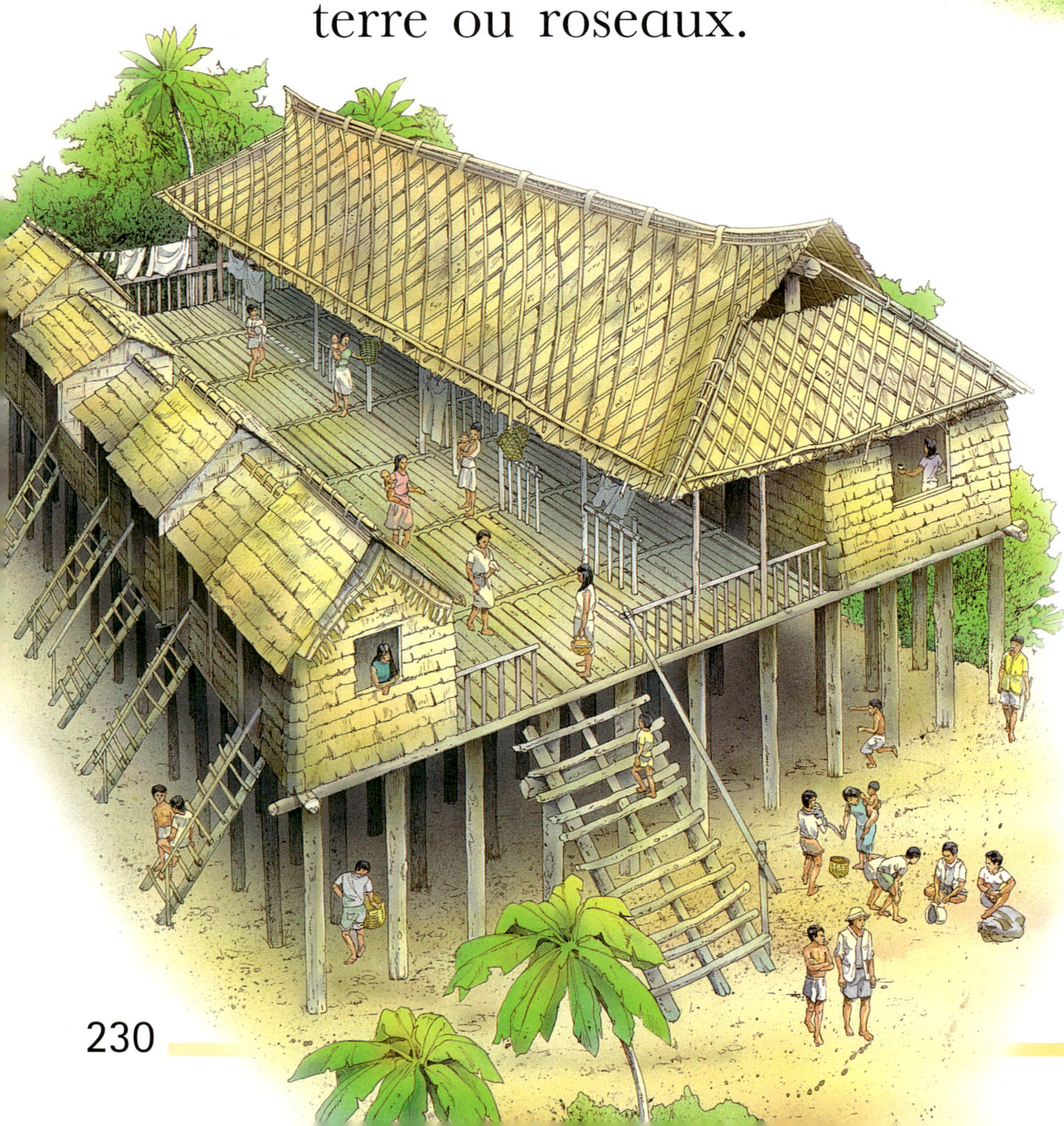

Les gens qui vivent près des fleuves ou des marais bâtissent des maisons sur pilotis, comme ici en Indonésie. Tout est assez haut pour éviter le risque d'inondation.

Au Maghreb, on voit des bâtisses en terre, avec murs épais et petites fenêtres pour se protéger du soleil.

Quand l'espace est limité, on construit des tours comme celle-ci, qui se trouve dans une ville d'Afrique. Ces bâtiments abritent de nombreux appartements.

MAISON SUR PILOTIS

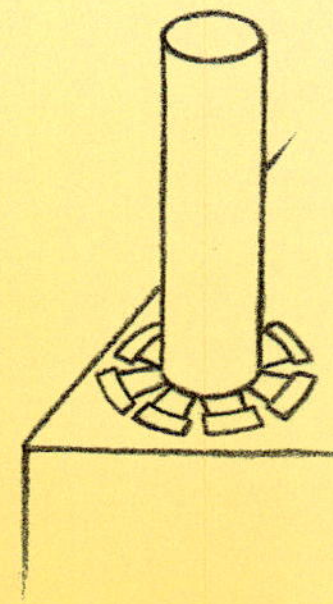

Découpe et plie les bords de 4 tubes de carton, comme indiqué, afin de les coller sur une boîte. Plie un autre carton en deux et colle-le dessus pour faire un toit de maison. Peins des portes et des fenêtres.

Recouvre le toit avec des pailles jaunes.

Cette maison américaine est bâtie avec des briques et du bois. Ces deux matériaux sont faciles à trouver dans les environs.

Le travail

Les gens exercent toutes sortes de métiers. Ils travaillent pour gagner de l'argent et acheter de quoi manger et se vêtir. Après les études, on commence à travailler.

Les professeurs des écoles enseignent aux enfants la lecture et l'écriture, et bien d'autres choses dont ils ont besoin. Les professeurs des collèges et des lycées n'enseignent qu'une seule matière chacun.

Les médecins aident les gens à rester en bonne santé. En Inde, cette femme s'occupe d'une clinique pour les mères et leurs enfants.

Les ouvriers du bâtiment construisent les maisons et les bureaux. Cet homme est maçon. Il porte les briques sur son épaule pour bâtir ensuite un mur.

Beaucoup de gens travaillent avec des machines. Dans cette boulangerie industrielle, on fabrique du pain, on le découpe et on le met sous plastique.

L'industrie

Les industries produisent les choses dont on a besoin : voitures, bâtiments ou matériaux de base pour d'autres productions, comme les métaux ou le pétrole.

On a besoin de pétrole pour faire marcher les machines. Pour extraire celui qui est sous la mer, on construit des plates-formes pétrolières. Des turbines pompent le pétrole.

L'industrie automobile fabrique des milliers de voitures chaque année. Des autos sont assemblées à la chaîne, en grande partie par des robots.

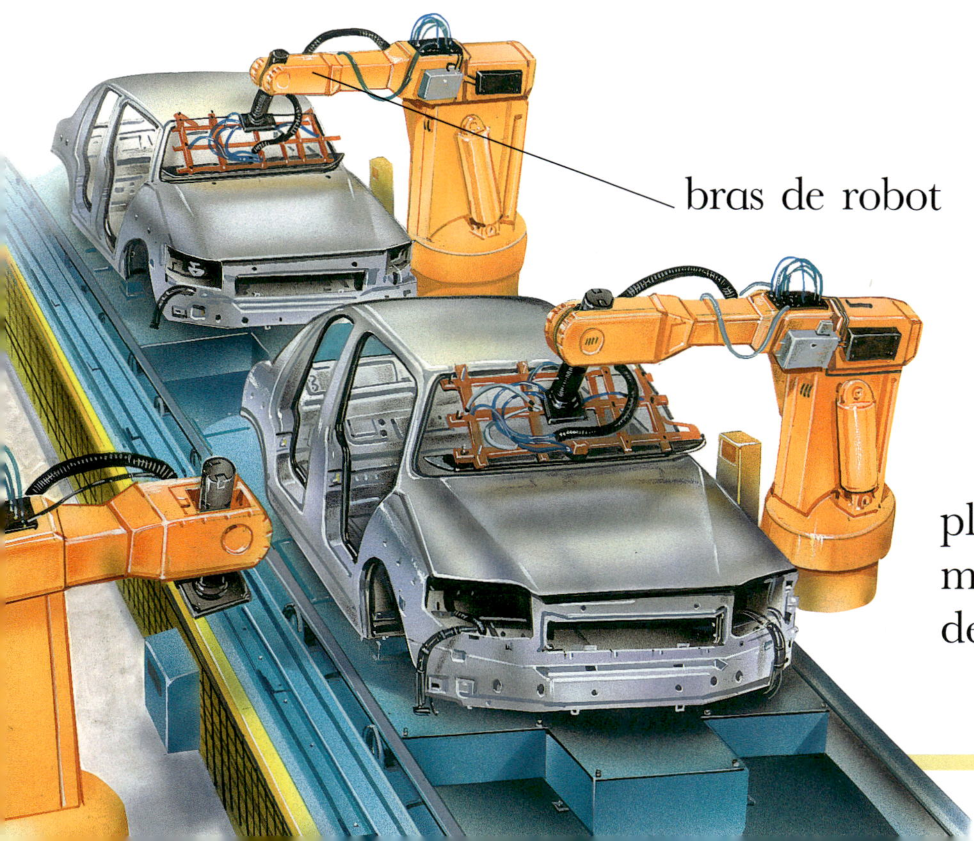

Un groupe d'ouvriers bâtit un immeuble à l'aide de grosses machines, comme cette grue, qui charge des éléments très lourds.

Les chimistes font des recherches pour mettre au point les médicaments, les plastiques et d'autres matières dont on se sert tous les jours.

Terre et mer

Les agriculteurs et les pêcheurs travaillent dur pour produire la nourriture que tu manges. Certains cultivent des céréales, des fruits ou des légumes. D'autres font de l'élevage. D'autres pêchent et fournissent du poisson.

Il y a des milliers de moutons dans une grosse ferme comme celle-ci, en Australie. Les troupeaux sont élevés et vendus pour leur viande. On les tond pour vendre aussi leur laine.

Le riz nourrit beaucoup de gens dans le monde. Il faut beaucoup d'eau pour que le riz pousse. Il est donc cultivé dans des terres inondées, les rizières. On le récolte souvent à la faucille.

De grandes moissonneuses-batteuses récoltent le blé. Elles séparent aussi les grains de la paille et forment des bottes.

Le poisson est principalement pêché avec d'énormes filets tirés par des chalutiers. Les pêcheurs remontent leur filet et mettent les poissons au frais.

La cuisine

Selon les régions du monde, on cuisine et on mange des choses différentes. Les pays ont leurs propres spécialités : par exemple, l'Italie et ses délicieuses pâtes, ou l'Inde et ses plats à base de curry.

En Asie, on sert les brochettes avec une sauce à l'arachide.

Les sushis sont un plat japonais traditionnel : il s'agit de morceaux de poisson cru posés sur des boulettes de riz.

La France est célèbre pour sa cuisine. On voit ci-dessous une salade niçoise, avec du thon, des pommes de terre, des œufs et des olives, à côté d'une baguette de pain.

La paella est un plat espagnol. Le riz est cuit avec du poulet, du poisson et des légumes, puis parfumé et coloré avec du safran.

PIZZA ANIMÉE

Étale de la sauce tomate et du fromage sur une pâte à pizza. Avec des tomates, des champignons, des poivrons et des olives, forme des visages drôles, comme indiqué. Mets au four pendant 10 à 12 minutes.

Cette soupe chinoise est à base de nouilles frites avec des légumes, plus de la viande ou du poisson.

Aux États-Unis, le steak haché se sert dans un pain rond, avec de la salade : c'est le hamburger.

Les vêtements

On s'habille pour se couvrir et se sentir à l'aise. Les gens portent différents vêtements selon leurs activités et leurs besoins, et en fonction aussi du temps qu'il fait.

Les enfants aiment les vêtements confortables pour pouvoir jouer et courir.

Dans les endroits où il fait très froid, on s'habille le plus chaudement possible. Les manteaux et les chaussures doivent être imperméables pour se protéger de la pluie et de la neige.

En Inde, la robe traditionnelle des femmes est le sari, une longue pièce d'étoffe drapée autour du corps.

Dans les pays chauds, on porte des tenues amples. Ces femmes masaï mettent d'énormes colliers à l'occasion d'une cérémonie traditionnelle.

Ces athlètes portent des tenues de sport, faites avec des tissus élastiques qui s'ajustent bien et permettent de bouger facilement. D'autres sportifs portent parfois des casques ou des jambières qui les protègent.

L'artisanat

Dans le monde entier, les peuples fabriquent des objets décoratifs. Certains font des peintures, d'autres de la poterie, des bijoux ou des tapis. Ces métiers se transmettent souvent de père en fils ou de mère en fille.

Les Navajos, aux États-Unis, créent de grandes décorations sur le sol lors de cérémonies particulières. Les motifs sont faits avec des sables colorés. Certains dessins représentent des symboles magiques.

La porcelaine est travaillée dans plusieurs pays. Les mêmes motifs se répètent souvent.

FAIS UN TAPIS

Plie en deux un morceau de carton et découpe des fentes, comme indiqué.

Colle des bandes de papier de diverses couleurs sur un des côtés.

Tisse les bandes, en les passant dans les fentes. Arrivé à l'autre bord, il faut encore les coller. Tu obtiens un tapis très coloré.

Certains Africains font des masques, en argile, bois ou métal, pour leurs cérémonies.

Ces tissus aux couleurs vives viennent du Ghana, en Afrique occidentale. Ils ont été tissés avec du coton teint en plusieurs couleurs différentes.

Au Turkménistan, en Asie, les femmes tissent des tapis en laine. Ce pays est célèbre pour ses tapis aux motifs colorés. Le mode de tissage n'a pas changé depuis des milliers d'années.

Les religions

Beaucoup de gens sont fidèles à une religion. Ils croient en un dieu, ou plusieurs, qui a créé le monde et qui le contrôle. Il y a de nombreuses religions. Chacune a ses croyances et ses traditions.

La religion du peuple juif est le judaïsme. Les juifs croient en un seul dieu et leur livre sacré est la Torah. Pendant la fête des lumières, Hanoukka, on allume un chandelier à sept branches, la menora.

Les hindous croient en plusieurs dieux et en la réincarnation après la mort. Ces femmes célèbrent la fête de la Lumière, Divali. On peut voir le dieu Shiva, en haut à gauche.

Les musulmans sont adeptes de l'islam, religion fondée par le prophète Mahomet. Ils croient en Allah, le dieu qu'ils vénèrent dans les mosquées. ⇒ Leur livre sacré est le Coran.

minaret : tour d'une mosquée

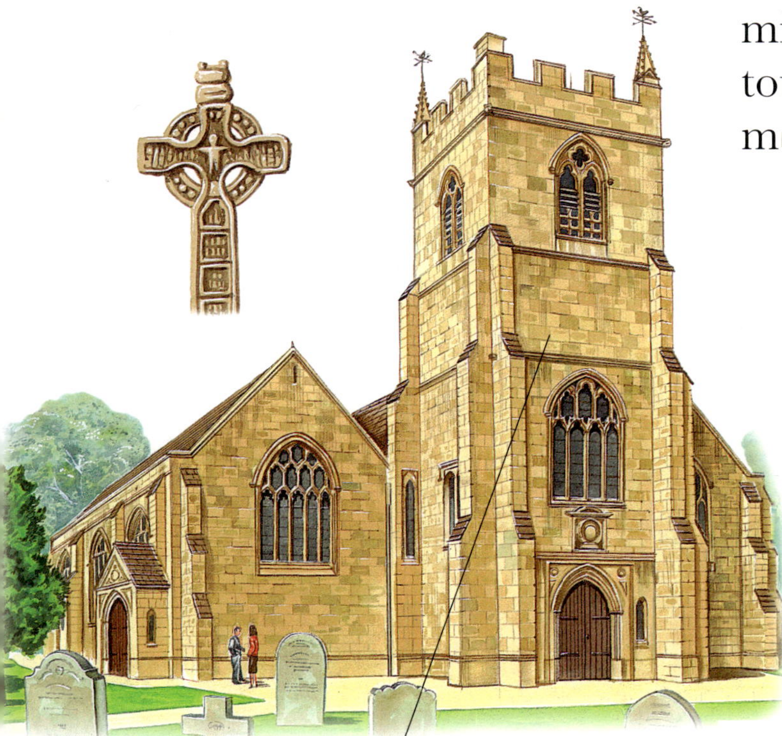

⇐ Les chrétiens ont un seul dieu et croient que Jésus-Christ fut son fils. Leur livre saint est la Bible. Ils pratiquent leur religion dans les églises, chapelles et cathédrales.

clocher d'église

Les bouddhistes suivent les enseignements de Bouddha et se rendent dans des temples. Ils croient en la réincarnation et pensent que les bonnes actions sont récompensées dans la vie suivante.

Les fêtes

Les fêtes sont de grandes célébrations avec de la musique, des danses, des costumes colorés et des attractions. Elles rappellent certains événements, souvent liés à la religion ou aux changements de saison.

Les Chinois célèbrent le nouvel an en défilant dans les rues, conduits par de grands dragons multicolores. Les gens portent des lanternes et allument des feux d'artifice.

Les Suédois décorent un mât et ils dansent autour pour fêter le jour le plus long de l'année.

Hinamatsuri est une fête japonaise. Les gens déposent des fleurs en papier et des poupées sur la rivière, espérant que l'eau emportera leurs problèmes.

DES ŒUFS DE PÂQUES

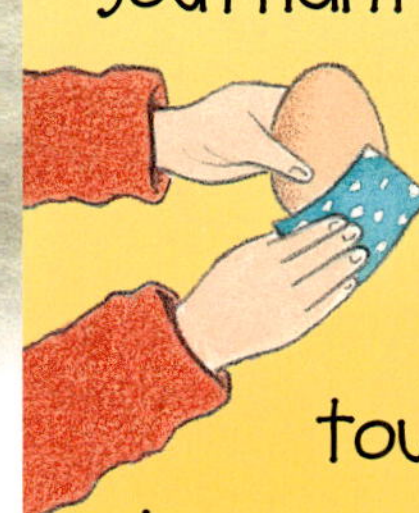

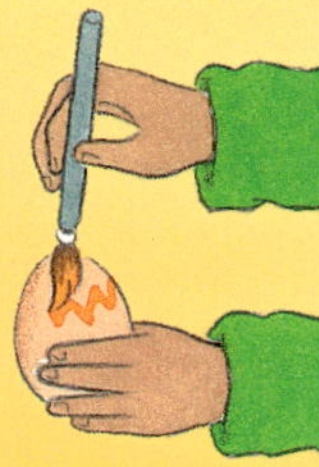

Perce des petits trous au sommet de quelques œufs et vide-les en soufflant dedans. Rince-les et essuie-les. Colle des bouts de papier tout autour pour les recouvrir. Peins sur une moitié des motifs en couleur. Laisse sécher, puis peins l'autre moitié.

Le jour de Halloween, aux États-Unis, on fait des lanternes avec des citrouilles pour faire peur aux mauvais esprits.

Les chrétiens célèbrent Pâques en offrant des œufs décorés, ou des animaux et des œufs en chocolat.

Musique et danse

Partout dans le monde, on aime la musique et la danse. Il existe des centaines d'instruments et de nombreux genres de musique. La plupart des pays ont leurs danses et musiques traditionnelles.

La danse classique est basée sur des mouvements gracieux et élégants. Les membres d'un ballet s'entraînent beaucoup avant de se produire sur scène.

Un gamelan est un orchestre indonésien de percussions. Il est composé de xylophones, de gongs et de tambours.

La musique et la danse ont une part importante dans les célébrations. À la fête d'Esala Perahera, au Sri Lanka, les danseurs et les joueurs de tambour défilent aux côtés d'éléphants costumés.

DES MARACAS

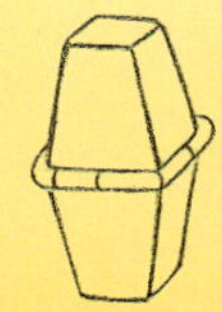

Mets du riz et des lentilles dans deux pots de yaourt. Couvre-les avec deux autres pots à l'envers et colle bien les bords ensemble. Fais des décorations à ta guise. Agite-les pour jouer des maracas !

La flûte traversière et la flûte à bec sont des instruments à vent : on doit souffler dedans. Les doigts bouchent certains trous pour faire les différentes notes.

Attractions

On peut s'amuser de différentes manières : aller au spectacle, au cinéma, ou visiter un parc d'attractions. Mais on peut aussi rester à la maison pour lire ou pour jouer aux jeux vidéo.

Au théâtre d'ombres, à Java, le public est placé des deux côtés de la scène. Une moitié du public voit les marionnettes, l'autre regarde les ombres projetées sur un écran.

Les parcs à thème sont devenus très populaires. Il y a beaucoup d'attractions, comme les montagnes russes (ci-dessous).

Dans les villes et les villages on tire souvent des feux d'artifice à l'occasion de certaines fêtes. Les gens aiment admirer ces bouquets de toutes les couleurs qui illuminent le ciel de la nuit.

Si tu mets ce casque et ce gant, tu vas entrer dans un autre monde ! Ils sont reliés à un ordinateur qui crée des images et des sons : c'est de la réalité virtuelle.

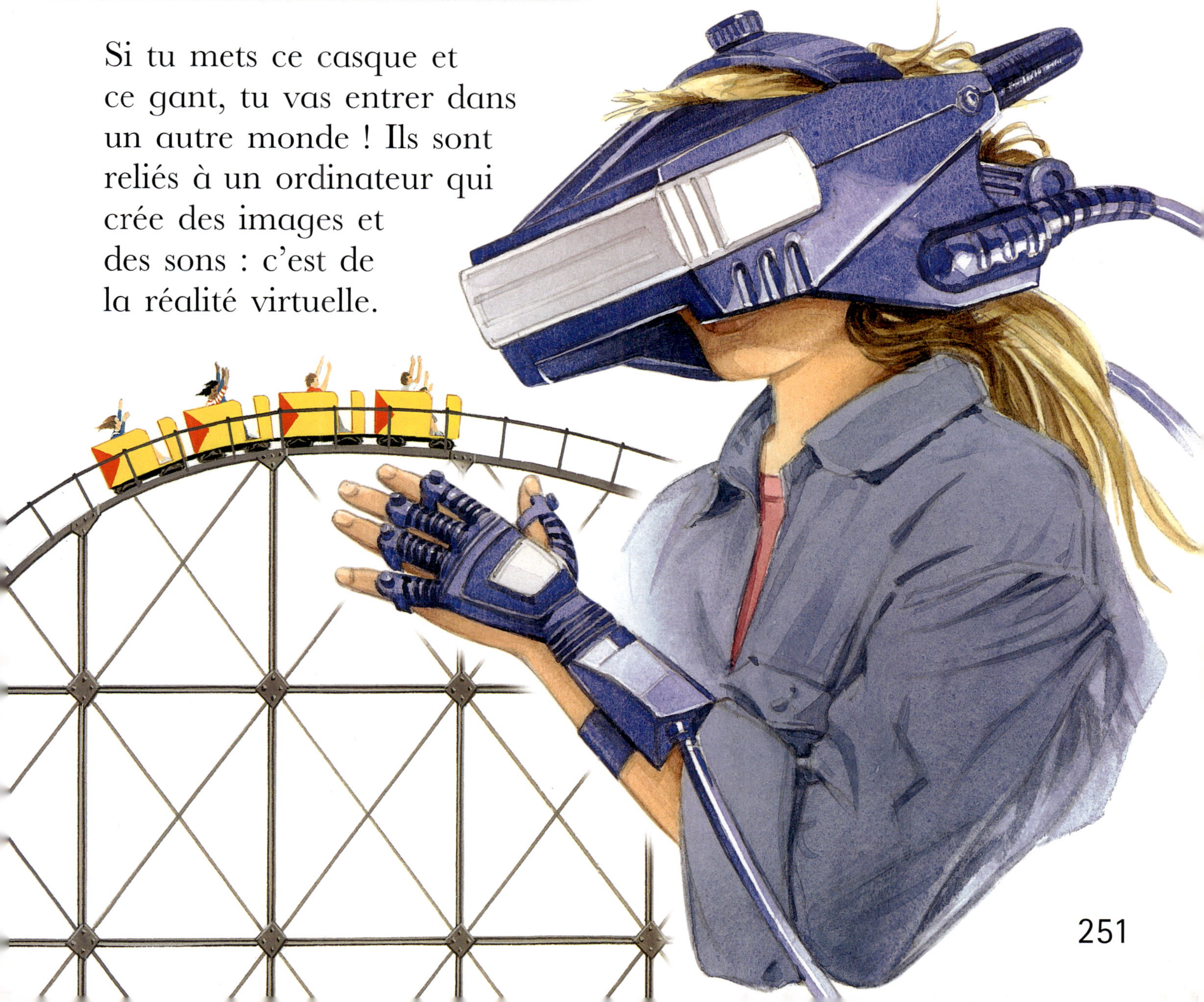

Sports et loisirs

Le sport plaît à beaucoup de monde : on aime regarder les matchs, ou pratiquer un sport pour rester en forme. Les gens aiment aussi ce genre de loisir pour occuper leur temps libre.

Le hockey sur glace est un sport violent et rapide. Les joueurs portent des patins à glace et des casques. Ils se servent d'une crosse pour pousser le palet vers les buts.

Un match de basket-ball oppose deux équipes. Il s'agit de lancer le ballon dans le panier du camp adverse.

Le football est un sport très populaire, joué un peu partout dans le monde. La plupart des pays ont une équipe nationale qui dispute des matchs contre d'autres pays.

Les échecs se jouent à deux. C'est une sorte de bataille où chaque joueur déplace une pièce à tour de rôle, en essayant de capturer les pièces de son adversaire.

Avoir un ordinateur à la maison, c'est pouvoir s'en servir pour faire ses devoirs, faire des recherches sur Internet ou jouer à toutes sortes de jeux.

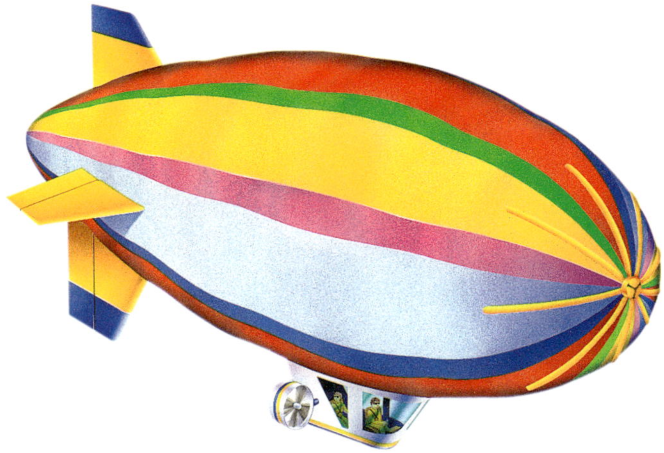

Transports

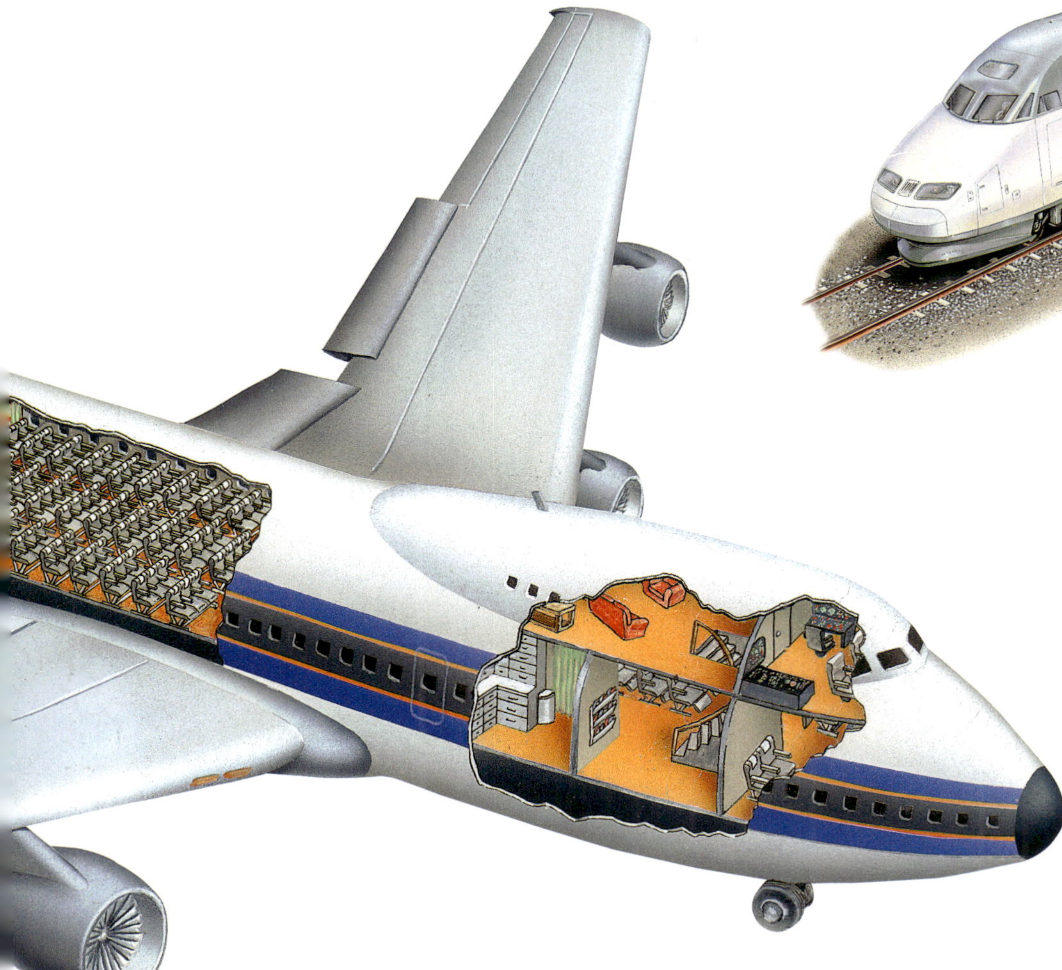

Autrefois

Autrefois, les voitures, bateaux, trains et avions étaient très différents des transports actuels. Ils étaient lents car on ne les avait pas conçus pour la vitesse, comme les véhicules modernes.

Avant l'invention de l'automobile, les gens riches voyageaient dans des carrosses tirés par des chevaux. C'était long et fatigant.

Les premiers trains étaient tirés par des locomotives à vapeur. Celle de l'image est munie d'un chasse-pierres qui dégage le chemin devant le train.

Quand les premiers avions furent inventés, les pilotes rivalisaient entre eux pour survoler en premier les océans et les montagnes.

Les premiers bateaux étaient en bois. Ils avaient souvent plusieurs voiles, car c'est le vent qui les faisait avancer. De grands explorateurs firent des voyages dangereux dans des bateaux comme celui-ci.

Les premières voitures étaient très lentes. Leurs roues ressemblaient plus à celles d'un vélo qu'aux pneus larges et solides d'aujourd'hui.

Bicyclettes

La bicyclette a deux roues. Pour faire du vélo, tu dois pédaler, ce qui fait tourner la chaîne, qui à son tour fait tourner la roue arrière. Tu conduis avec le guidon, qui agit sur la roue avant de ton vélo.

Tu peux faire du vélo en ville, à la campagne ou sur une piste de course. Il ne faut pas oublier de t'habiller de façon appropriée. Et, surtout, porte un casque et des genouillères, qui te protégeront en cas de chute.

Il y a différents genres de vélos, mais ils ont tous deux roues, un guidon et des pédales.

huiler la chaîne

serrer les freins

Tu dois régulièrement entretenir ton vélo : huiler la chaîne et resserrer tous les boulons. Ainsi il fonctionnera bien et tu pourras rouler en toute sécurité.

Sur la route

On peut voir toutes sortes de véhicules sur les routes : des voitures, des autocars qui conduisent des voyageurs, des poids lourds qui transportent des marchandises sur de longues distances.

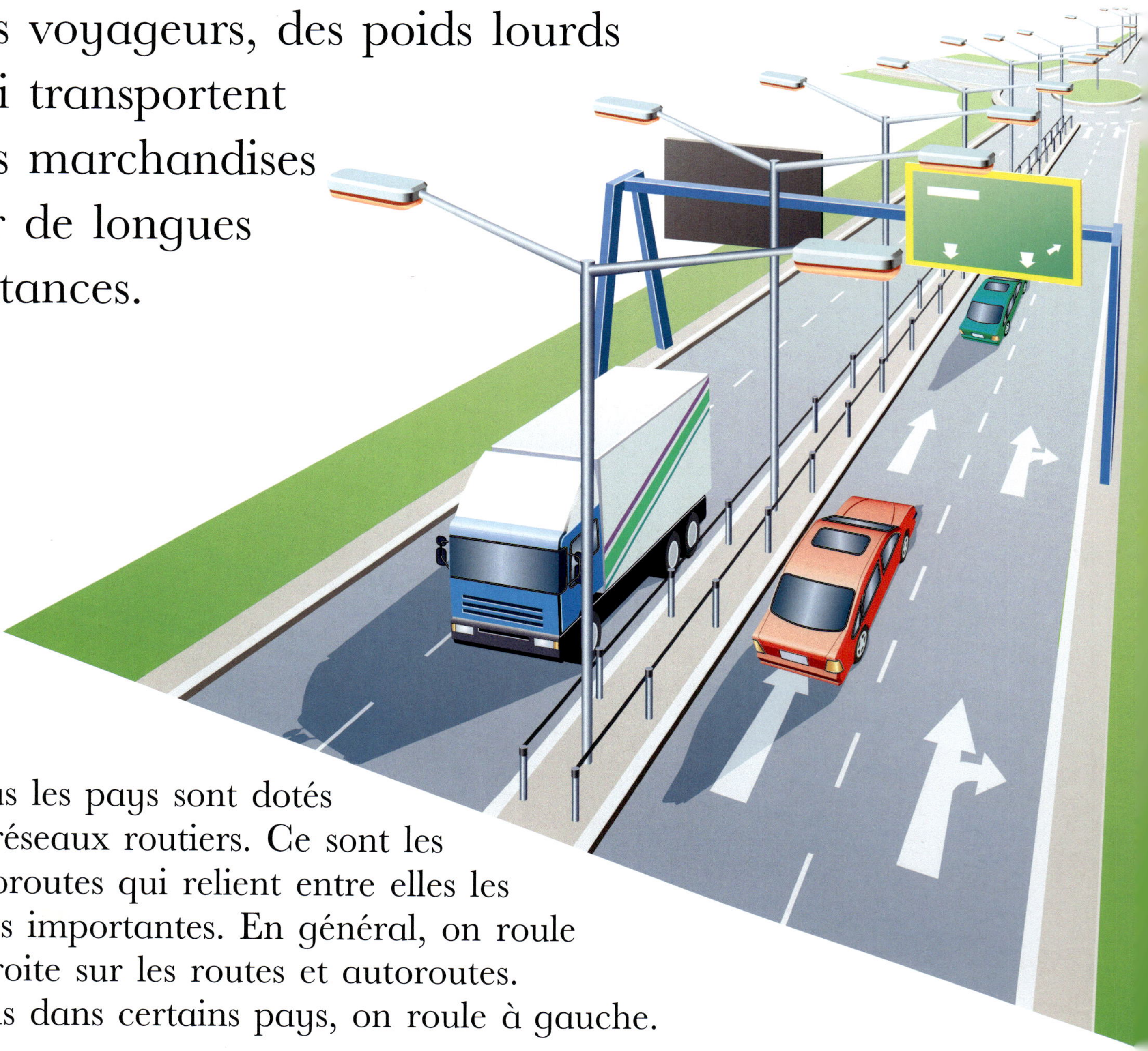

Tous les pays sont dotés de réseaux routiers. Ce sont les autoroutes qui relient entre elles les villes importantes. En général, on roule à droite sur les routes et autoroutes. Mais dans certains pays, on roule à gauche.

Les autocars peuvent transporter un grand nombre de voyageurs. Celui que tu vois ici conduit des passagers vers les principales villes des États-Unis.

Ce poids lourd transporte des voitures de la sortie de l'usine jusqu'au vendeur. Elles sont fixées sur les remorques pour ne pas tomber en cours de route.

FAIS UNE CARTE ROUTIÈRE

Scotche des feuilles de bristol pour tracer une carte routière. Il faut que les routes soient assez larges pour placer tes petites voitures. Dessine des maisons, des rivières et des arbres. Mets ta carte sur le sol et fais circuler tes autos.

Voitures

Les voitures peuvent avoir toutes sortes de tailles et de modèles. On s'en sert pour aller au travail, faire ses courses ou partir en vacances. En règle générale, elles ont quatre roues et roulent à l'essence.

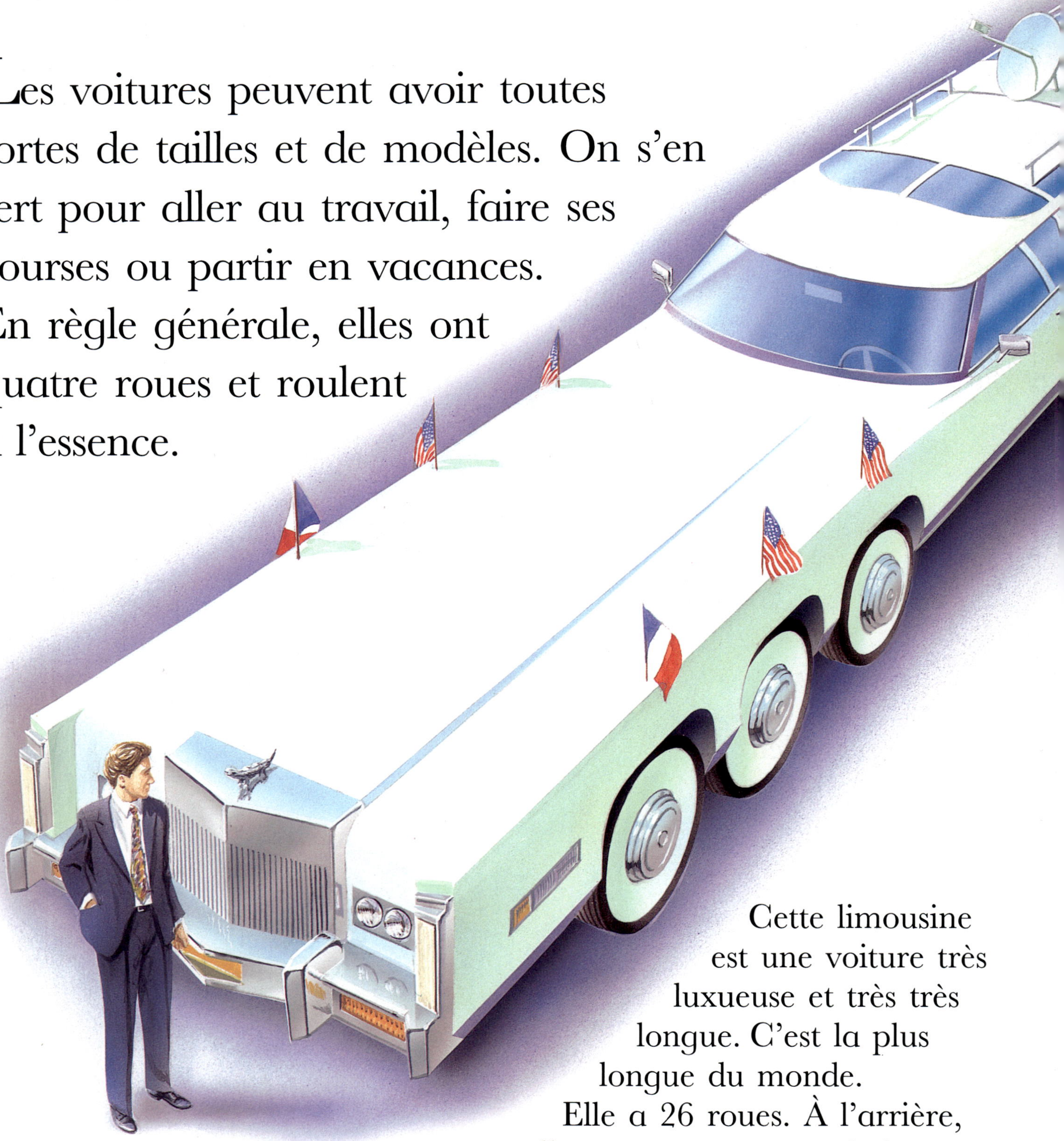

Cette limousine est une voiture très luxueuse et très très longue. C'est la plus longue du monde. Elle a 26 roues. À l'arrière, elle tracte sa propre piscine.

Ce véhicule tout-terrain a été conçu pour rouler n'importe où. Son puissant moteur commande les quatre roues au lieu des deux seules roues arrière. C'est un quatre roues motrices, ou 4 × 4.

Une voiture de sport est conçue pour la vitesse. Elle a un moteur puissant et une forme profilée pour rouler plus vite. En général, elle n'a de place que pour deux personnes.

On essaie de mettre au point des voitures qui ne roulent pas à l'essence. Ce modèle est muni d'un grand panneau qui capte l'énergie solaire pour faire marcher son moteur.

La course

Certaines voitures et certaines motos sont conçues pour rouler très vite et participer à des courses. Ces véhicules de course n'empruntent pas les routes ordinaires. Ils roulent sur des circuits spéciaux.

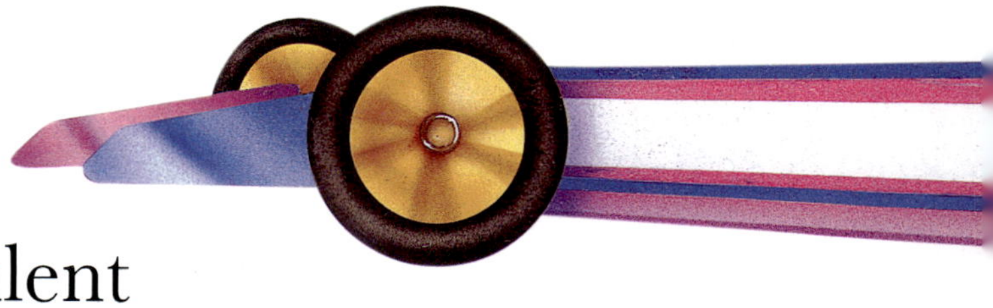

Les voitures de formule 1 ont des moteurs très puissants et peuvent atteindre des vitesses de plus de 190 kilomètres/heure. Leurs pilotes participent à des compétitions dans le monde entier.

Cette voiture de course a une « aile » spéciale à l'arrière. Mais cette aile n'agit pas comme celles d'un avion : au lieu de soulever le véhicule, elle le maintient collé au sol quand il roule à très grande vitesse.

Ces motos « trial » sont conçues pour le hors-piste. Elles peuvent rouler sur des chemins boueux ou rocailleux, et franchir des obstacles.

Camions et tracteurs

Les camions et les tracteurs sont des véhicules utilitaires : ils transportent des objets lourds ou livrent des marchandises. Il faut qu'ils soient solides et résistants, et que leur moteur soit très puissant.

Les camions articulés font de longs voyages en transportant des charges importantes. Leur séparation centrale permet de mieux tourner dans les virages.

On se sert d'un tracteur pour tirer les machines agricoles. Ses roues arrière sont énormes et à dessins saillants pour l'empêcher de s'enliser dans la boue.

La charge du camion est à l'intérieur de la remorque.

Un camion-citerne transporte des liquides, comme de l'essence ou du lait, dans ses cuves. Certains ont deux citernes ou plus, reliées entre elles.

La remorque est accrochée sur cette pièce tournante.

Au-dessus de la cabine, il y a une couchette pour les très longs voyages.

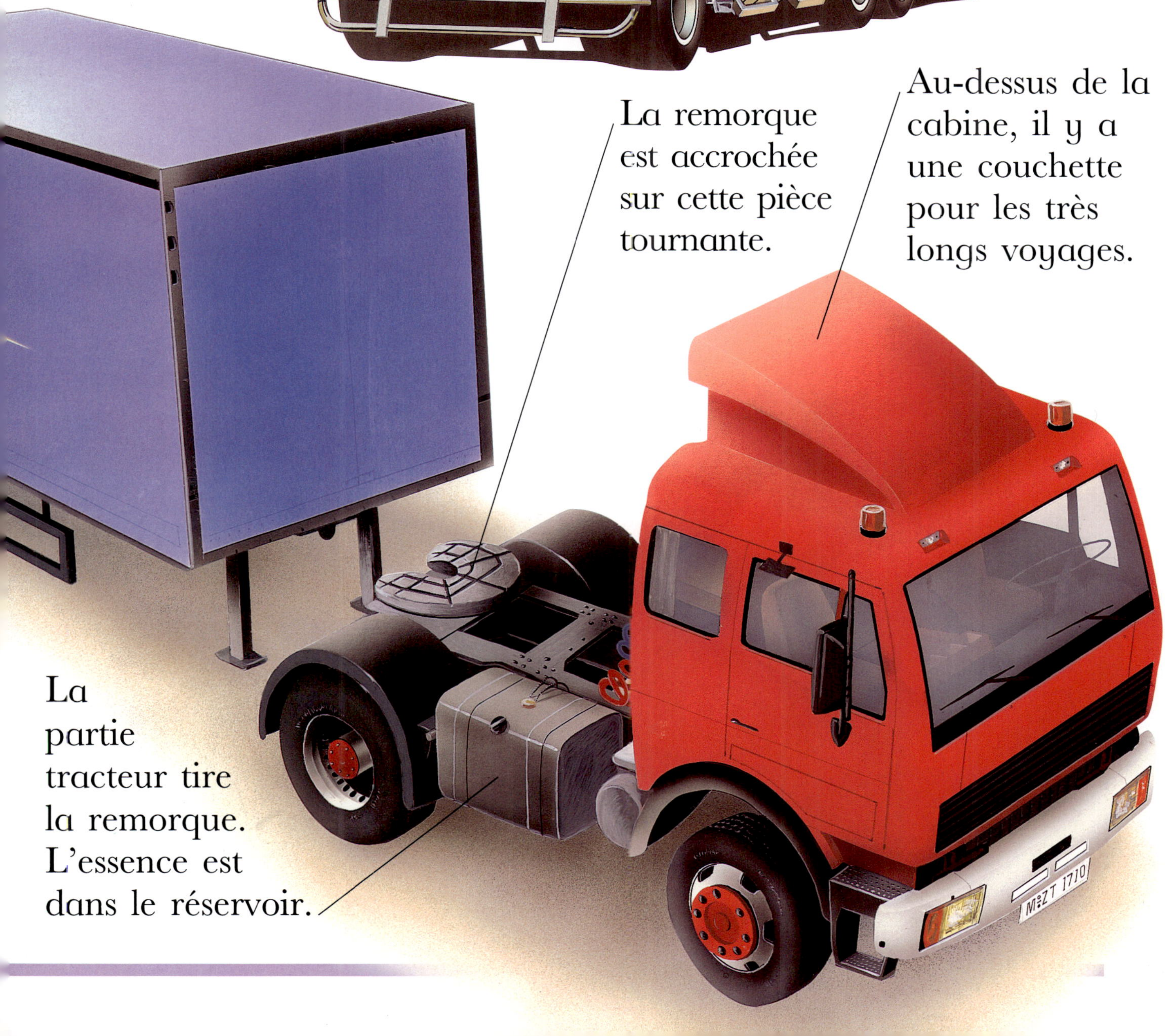

La partie tracteur tire la remorque. L'essence est dans le réservoir.

Pour le bâtiment

Sur les chantiers de construction, les travaux les plus durs sont faits par des machines. Il y en a qui creusent, d'autres qui soulèvent les matériaux, d'autres encore qui les déchargent.

Un camion à benne basculante transporte de la terre ou des pierres, puis les décharge à l'endroit voulu. Sous la remorque se trouvent des pistons qui se soulèvent pour faire glisser le chargement.

Cette pelleteuse creuse le sol et déplace des charges. Elle est munie à l'avant d'une large pelle qui dégage les gravats. À l'arrière, une autre pelle, munie d'un bras articulé, creuse puis décharge la terre et les pierres dans des camions.

FAIS UNE POULIE

Avec un adulte, défais un cintre métallique et glisses-y une bobine de fil. Suspends-le à un crochet. Attache une corde à un seau, puis passe-la autour de la bobine. Tire le bout de la corde pour soulever le seau chargé avec ta poulie, comme indiqué.

Cette grue mobile comporte un long bras qui peut aller chercher des choses lourdes très haut. Les charges sont soulevées par les câbles qui glissent le long du bras et autour d'une poulie terminée par un treuil.

Trains

Les trains roulent sur des rails. Ils sont composés de wagons tirés par une locomotive. Il y a des trains de voyageurs et des trains de marchandises. Les premières locomotives étaient à vapeur. De nos jours, elles fonctionnent à l'électricité.

Ce train, le *Mallard,* était le plus rapide des trains à vapeur. Il atteignait la vitesse de 203 kilomètres/heure.

Le train de passagers le plus rapide du monde est le TGV (Train à Grande Vitesse). Il roule à plus de 300 kilomètres/heure. Il marche grâce à l'électricité fournie par les câbles au-dessus. Sur l'image, tu peux voir l'intérieur.

FAIS TON PROPRE TRAIN

Colle deux boîtes pour faire la locomotive, et d'autres pour les wagons. Fais la cheminée et les tampons avec des tubes en carton, et les roues avec des assiettes en papier.

Aux États-Unis, des locomotives roulant au diesel tirent des trains de marchandises d'un bout à l'autre du pays. Cette locomotive est assez puissante pour tracter de lourds wagons, même sur de hautes montagnes.

Ponts et tunnels

Les ponts et les tunnels facilitent les voyages. Les ponts permettent aux routes et aux rails de passer par-dessus des fleuves et d'autres routes. Les tunnels sont creusés à travers les montagnes, sous les fleuves ou la mer.

Pour bâtir un tunnel, on creuse la roche à l'aide de machines géantes et d'explosifs.

Le métro circule dans des tunnels creusés sous le sol des grandes villes. Tu peux voir ici que les différentes lignes, allant dans différentes directions, se trouvent à différentes profondeurs.

Une grue soulève et met en place chaque section du pont.

Les ponts sont construits en béton armé. D'abord, on fixe fermement dans le sol, ou le lit du fleuve, les piliers et les extrémités du pont. Puis le tablier, c'est-à-dire la partie du pont où vont passer les routes ou les rails, est placée par sections sur les piliers.

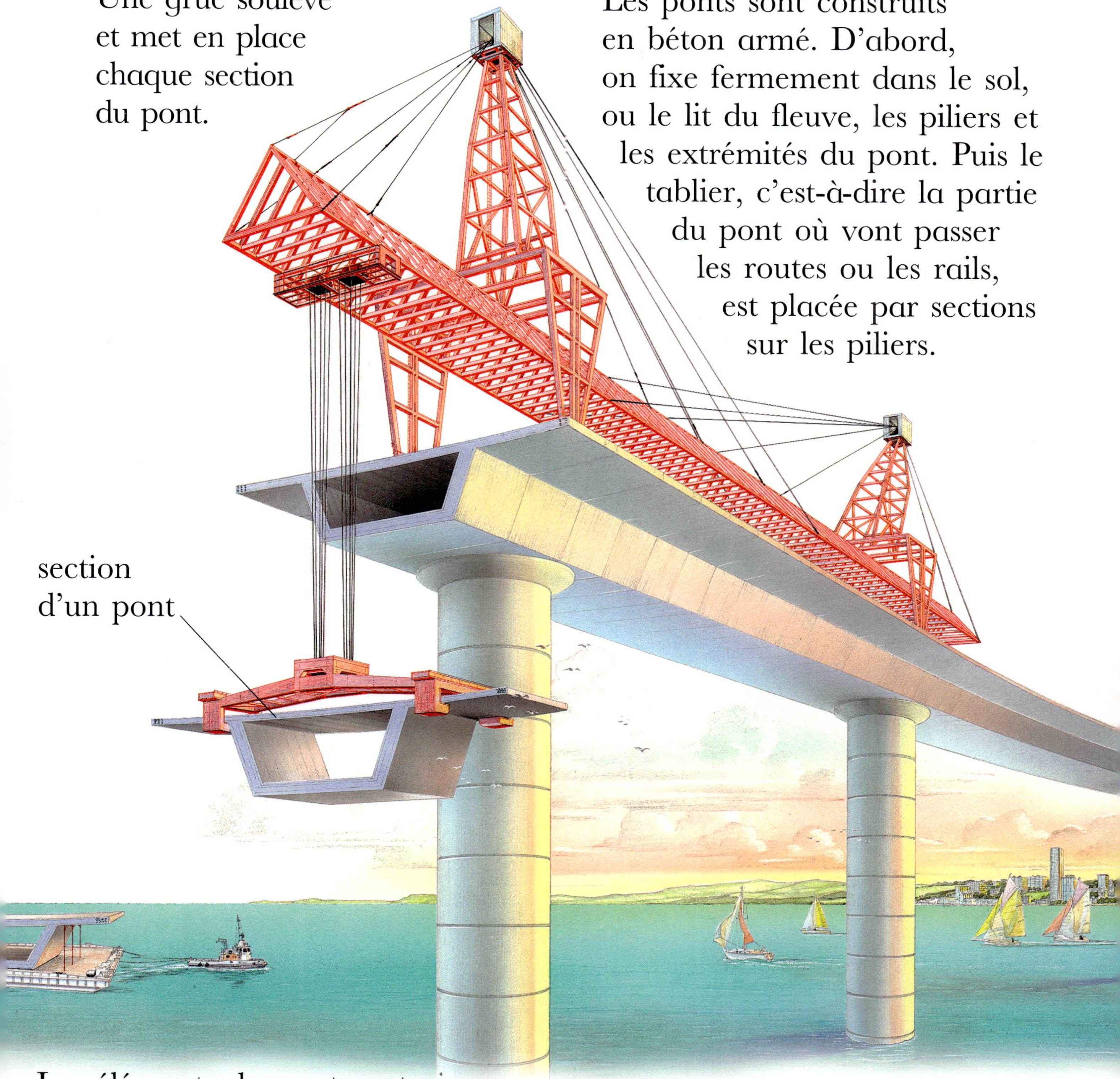

Les éléments du pont sont acheminés par bateau.

Bateaux

De tous temps, on a construit divers types de bateaux pour naviguer sur la mer et les fleuves. Les hommes voulaient découvrir de nouvelles terres ou voyager pour le plaisir. Certains bateaux de passagers vont très vite, d'autres lentement.

Ce galion était utilisé autrefois pour naviguer sur l'océan. C'est le vent qui le poussait et les voyages pouvaient durer des mois.

Voici l'un des premiers bateaux à vapeur. On y brûlait du bois ou du charbon pour que la vapeur fasse tourner la roue du bateau.

Ce ferry moderne est un catamaran. Il a deux coques accouplées, ce qui lui donne une bonne stabilité. Il peut aller très vite sans tanguer.

Un bateau de croisière est comme un hôtel flottant. Il transporte des passagers dans divers ports et leur offre plein d'activités à bord pour les divertir. Les moteurs de ce paquebot font tourner d'énormes hélices sous l'eau.

FAIS UN CATAMARAN

Demande à un adulte de couper en deux une bouteille en plastique dans le sens de la longueur. Fixe à tes deux coques des bâtons de balsa avec du sparadrap imperméable. Fais flotter ton catamaran dans une bassine.

Sous-marins

Les sous-marins peuvent circuler sous la mer pendant plusieurs semaines sans remonter à la surface. Beaucoup sont des bâtiments de guerre qui transportent des missiles et des armes dangereuses. D'autres permettent d'explorer le fond des mers.

Le premier sous-marin de guerre ne transportait qu'une personne, qui devait faire tourner l'hélice, se diriger vers un navire ennemi et placer une bombe sur sa coque. L'opération n'a pas réussi et ce sous-marin n'a servi qu'une seule fois.

Les submersibles descendent très bas dans les profondeurs de la mer pour réparer des câbles sous-marins et des pipelines, ou bien pour effectuer des recherches. Celui de l'image a des bras télécommandés qui collectent des échantillons ou déplacent des objets.

1 hélice
2 gouvernail
3 hydroplane
4 périscope

Les grands sous-marins ont des moteurs nucléaires pour faire tourner l'hélice qui les propulse dans l'eau. Le gouvernail dirige le bâtiment et l'hydroplane contrôle la profondeur. Le commandant de bord se sert du périscope pour voir ce qui se trouve au-dessus de la surface.

Aéronautique

Il existe divers genres d'appareils aéronautiques, qui volent de différentes façons. Certains sont très rapides, d'autres peuvent faire des acrobaties dans les airs.

Un dirigeable est rempli d'un gaz léger appelé hélium. Ce n'est pas un simple ballon car il comporte un moteur. Il peut être dirigé et contrôlé. Ces aérostats sont utilisés en général pour la publicité ou pour réaliser des photographies aériennes.

Les avions de ligne permettent de voyager très vite. Ils transportent des passagers à travers le monde. Ce jet peut contenir 250 personnes.

FAIS UN GYROPTÈRE

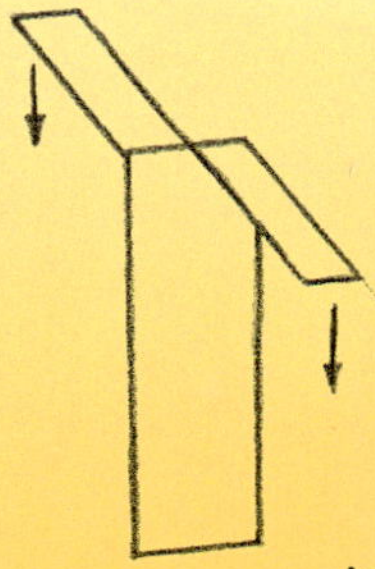

Découpe un bristol de 16 cm de long sur 4 cm de large. Fends-le au milieu sur 8 cm, sépare les deux bouts et fixe un trombone sur la partie basse. Lâche ton gyroptère d'une hauteur. Il tombera en tournoyant.

Cet avion de combat à décollage vertical n'a pas besoin de piste d'atterrissage. Il peut aussi changer soudain de direction ou rester immobile en l'air, comme un hélicoptère.

Ce sont les rotors placés sur la cabine et à l'arrière qui font voler l'hélicoptère. Il lui permettent d'avancer, de reculer, d'aller de côté ou de rester suspendu en l'air.

Voyage en avion

Les avions de ligne ont de puissants réacteurs. Ils peuvent voyager à plus de 960 kilomètres/heure. Ces avions transportent des passagers sur de longues distances dans des délais très courts.

Ce jumbo jet accueille environ 400 passagers. Des avions de ligne pouvant transporter plus de 800 passagers sont actuellement à l'étude.

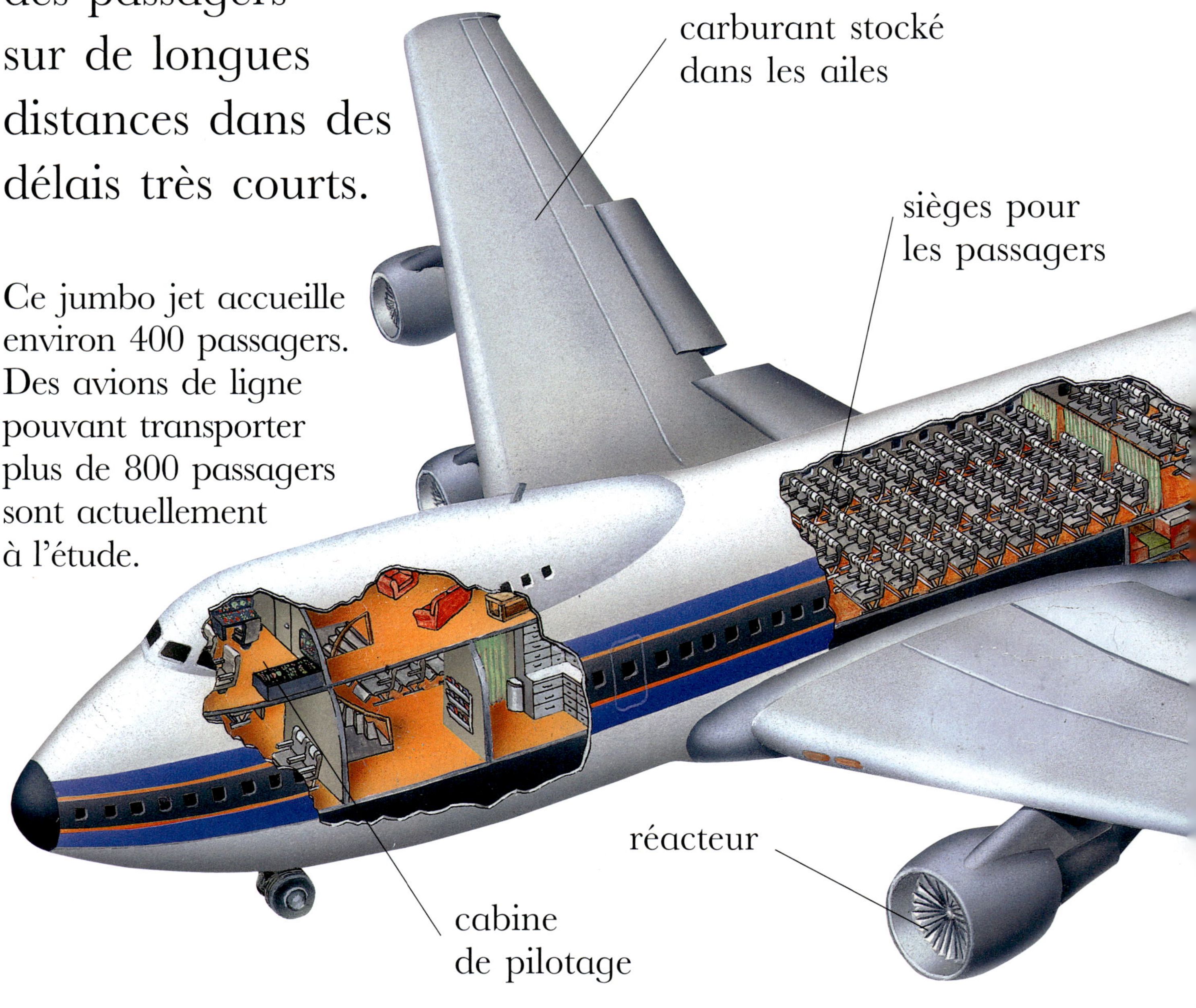

L'empennage de la queue assure la stabilité de l'avion.

Ces volets aident l'avion à monter et à descendre.

Ces volets articulés (ailerons) permettent de tourner à gauche ou à droite.

FABRIQUE UN PLANEUR

Pour l'aile, prends un bristol de 24 cm sur 13. Plie-le en longueur et colle les bords.

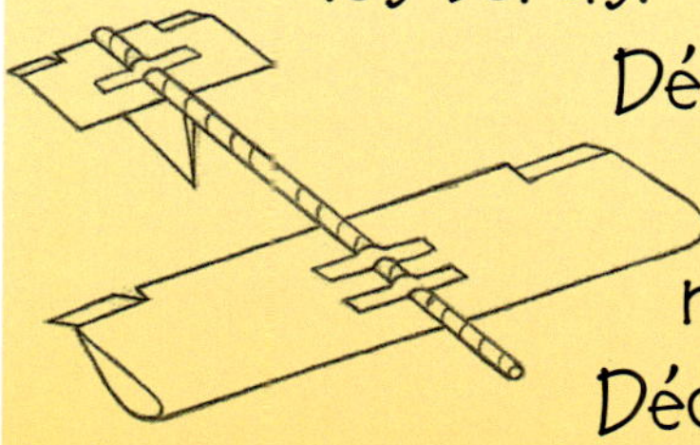

Découpe deux fentes, comme indiqué, et replie les deux volets. Découpe la queue dans un autre bristol de 20 cm sur 3,5. Fais trois plis pour qu'elle tienne debout. Découpe 1 cm des parties à plat pour en faire deux volets.

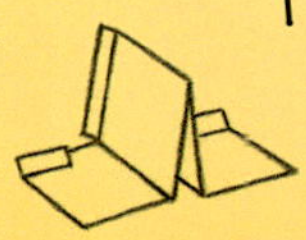

Scotche l'aile et la queue sur une paille, qui servira de fuselage. Attache un trombone à l'avant de la paille pour alourdir le tout. Tu peux maintenant faire voler ton planeur.

Quand ton planeur sera prêt, essaie de bouger les volets de l'aile, de haut en bas, et l'empennage, d'un côté à l'autre. Cela change-t-il le vol ?

Les secours

Quand un accident ou un feu se produit, des véhicules de secours arrivent. Ils sont équipés pour venir en aide aux victimes et s'occuper des immeubles. La police, les pompiers et les ambulances sont les principaux services d'urgence.

La police a des voitures et des motos rapides, avec des sirènes et des gyrophares, pour arriver très vite sur les lieux de l'accident.

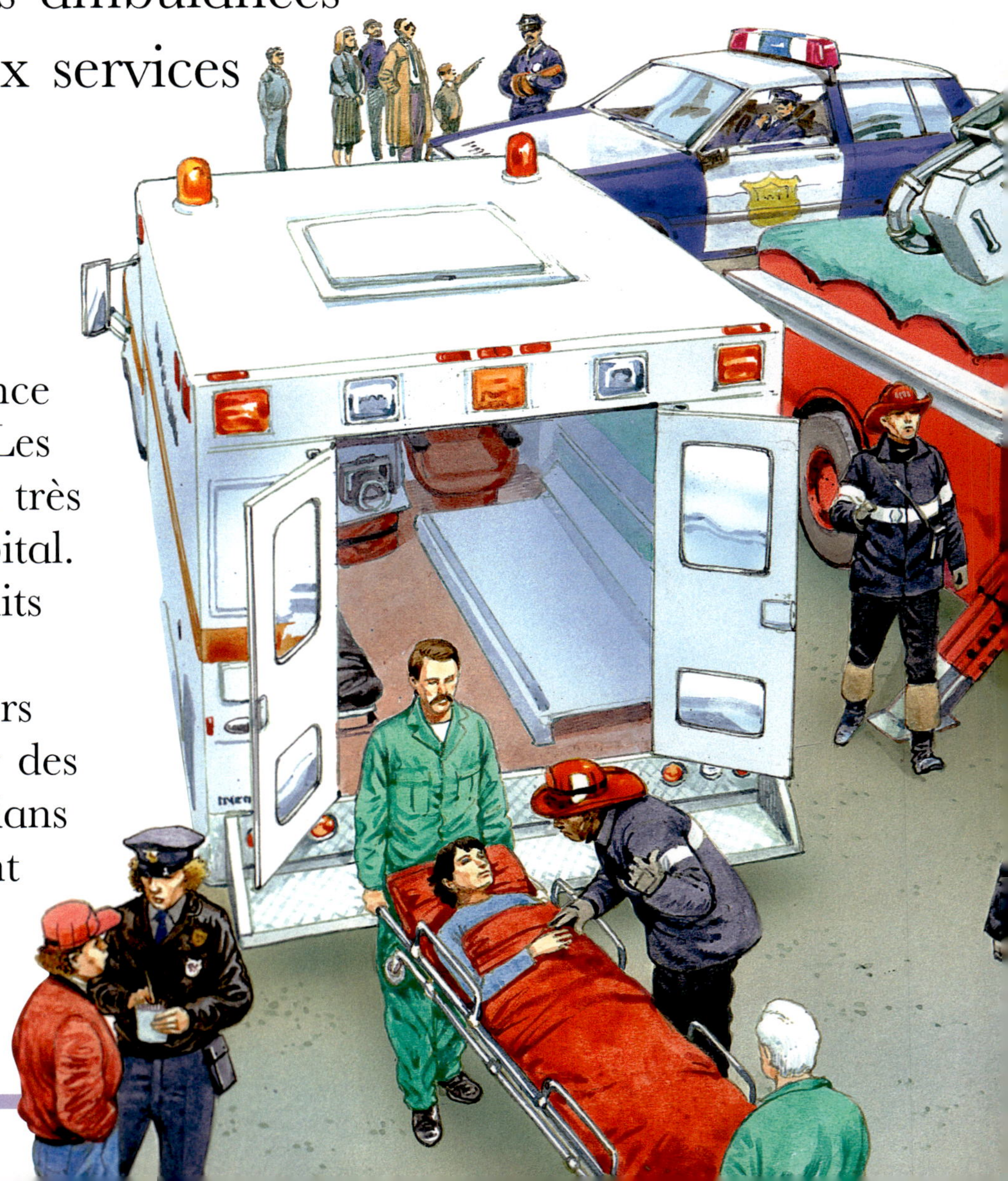

Chaque service d'urgence a son rôle particulier. Les ambulances conduisent très vite les victimes à l'hôpital. Elles sont équipées de lits et d'appareils de soins médicaux. Des infirmiers installent les blessés sur des brancards, les hissent dans le véhicule et s'occupent d'eux jusqu'à l'hôpital.

Les voitures de pompiers ont des échelles extensibles et pivotantes pour atteindre le haut des immeubles.

Les pompiers dirigent leur lance à incendie vers les flammes pour éteindre le feu.

Comment ça marche ?

La science

La science est la connaissance de tout ce qui nous entoure. Les scientifiques observent et cherchent à comprendre comment et pourquoi les choses arrivent. Ils ne cessent de faire de nouvelles découvertes.

Les scientifiques se servent parfois d'outils comme cette loupe pour voir les choses de près.

Les savants se posent des questions sur tout. Par exemple, « Que sont les bulles ? » ou « Pourquoi entend-on les sons ? ».

Les chercheurs se posent des questions et proposent des réponses. Ils font des expériences pour vérifier la justesse de leurs théories.

« Comment un avion peut-il voler ? »
Toi aussi tu peux être un scientifique, si tu te poses des questions sur tout ce que tu vois.

Tu peux trouver ce que tu veux savoir dans les livres ou sur Internet. Mais tu peux aussi faire tes propres expériences pour tester tes idées.

En quoi est-ce fait ?

Les choses qui nous entourent ne sont pas toutes fabriquées de la même façon : elles sont faites en différentes matières, selon leur utilité. La matière peut être souple, dure, lourde, légère, lisse ou rugueuse.

Sais-tu en quoi sont faits tes jouets ? S'ils sont souples, ils sont peut-être en laine ou en tissu. S'ils sont lisses, en métal, en plastique ou en verre.

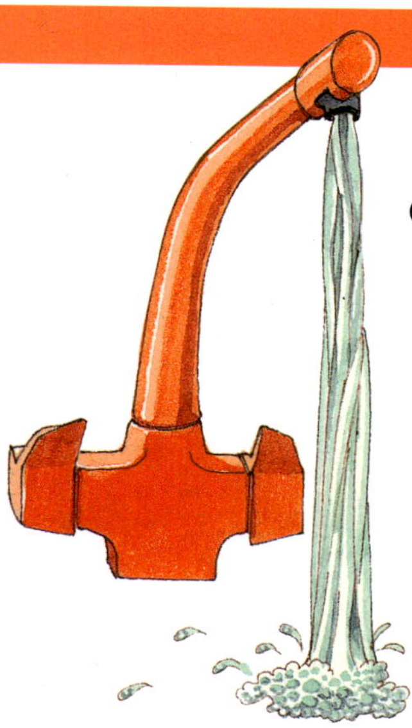

La matière
peut être liquide,
solide ou à l'état de gaz.
Les liquides coulent.
Les solides ont une forme fixe.
Les gaz emplissent l'espace
qui les contient. L'état de la
matière peut changer.
L'eau est un liquide ; mais
quand elle gèle, elle devient
solide. Et si elle bout, une
partie devient un gaz appelé
vapeur d'eau.

GLACES MAISON

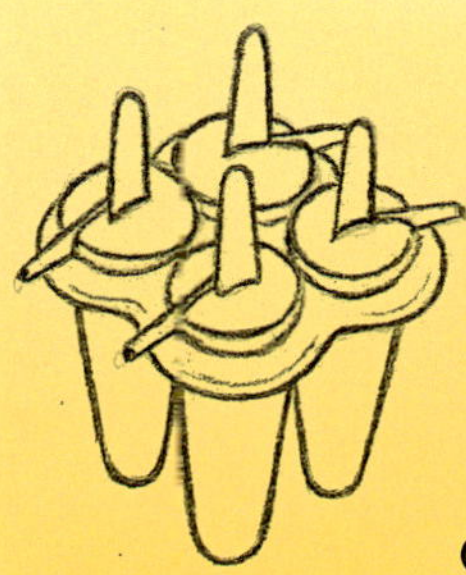

Verse du jus de ton fruit favori dans un moule à glaces et mets-le au congélateur.

Quand le jus aura gelé, tiens le moule à l'envers sous l'eau chaude pendant quelques secondes, puis retire les bâtonnets de leur moule.

L'air

L'air est partout, même si tu ne peux pas le voir, ni le sentir, ni le goûter. Il n'a pas de forme, mais il remplit l'espace. C'est un mélange de divers gaz. L'un de ses constituants est l'oxygène, dont tous les animaux ont besoin pour vivre.

Une montgolfière a de l'air chaud dans son ballon. L'air chaud est plus léger que l'air froid autour du ballon, c'est pourquoi la montgolfière s'élève.

Le vent, c'est de l'air en mouvement. C'est son énergie qui sert à pousser les voiles pour faire avancer le bateau.

Les deltaplanes se lancent dans le vide depuis des endroits très hauts. Puis ils planent à travers le ciel sur des courants d'air chaud. Ces courants montent de la terre vers le ciel.

UN MOULIN À VENT

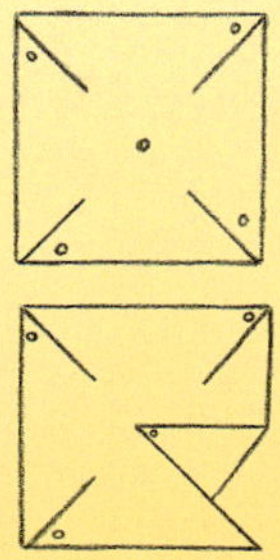

Fais quatre fentes dans un bristol carré. Perce des trous au milieu et dans les coins. Replie chaque partie vers le centre, trou sur trou. Plante une épingle à travers les trous, deux perles, une paille et un bouchon, comme indiqué.

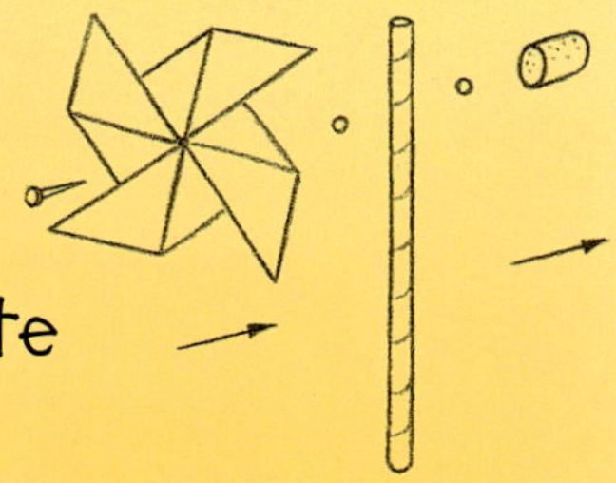

Souffle dessus pour que ton moulin tourne.

Ce galéopithèque ne vole pas vraiment. En sautant d'un arbre à l'autre, il écarte les pattes. Sa peau, tendue comme une voile, l'aide à planer dans l'air.

Chaud et froid

La chaleur ne reste jamais en place. Elle bouge sans cesse, passant toujours des endroits chauds vers les endroits froids. C'est pourquoi ce qui est chaud refroidit, et ce qui est froid se réchauffe.

Les vêtements amples gardent une couche d'air à l'intérieur. Dans les pays chauds, on s'habille ainsi pour être plus au frais.

Un radiateur contient de l'eau chaude. La chaleur qu'il dégage réchauffe le reste de la pièce.

Dans une serre, il fait chaud. Les parois en verre laissent passer les rayons du soleil, mais empêchent la chaleur de s'échapper.

L'eau chauffe dans cette casserole métallique. La chaleur du feu passe dans la casserole, puis dans l'eau. Les casseroles sont souvent faites en métal parce que la chaleur le traverse très facilement.

L'eau

L'eau est un liquide étonnant. Parfois elle disparaît, comme dans les flaques d'eau quand le soleil brille. À d'autres moments des gouttes d'eau apparaissent de nulle part : d'où viennent-elles en réalité ?

Demande à un adulte de faire bouillir pendant cinq minutes le contenu d'une tasse d'eau. Une fois refroidie, reverse cette eau dans la tasse. Il y en a moins. Quand l'eau bout, une bonne partie s'échappe sous forme de vapeur, à cause de l'évaporation.

Quand tu prends une douche chaude, une partie de l'eau s'évapore. En refroidissant, des gouttelettes d'eau se forment à nouveau et tu vois de la vapeur.

Cet insecte très léger, le gerris, marche sur l'eau. La surface de l'eau est comme une mince peau élastique, assez résistante pour supporter le poids de l'insecte. C'est le phénomène de la tension superficielle.

Quand la vapeur d'eau touche une surface froide, par exemple un miroir, elle refroidit soudain et des gouttelettes se forment à nouveau. C'est la condensation.

GOUTTES ÉCLATÉES

Savonne une paille et approche-la d'une goutte d'eau. La goutte éclate et l'eau se répand car le savon affaiblit la tension superficielle de l'eau. Sa mince peau ne peut plus retenir la goutte dans sa forme arrondie.

Flotter

Certains objets flottent, tandis que d'autres coulent. Le poids des objets les tire vers le fond, mais l'eau les pousse vers le haut. Si l'objet est léger, s'il pèse moins que son volume en eau, l'eau le retient et il flotte.

D'énormes icebergs flottent sur la mer car la glace est moins lourde que l'eau. Ils supportent même le poids des ours polaires.

Les flotteurs t'empêchent de couler quand tu apprends à nager. Ils ont été gonflés et sont donc remplis d'air, qui est plus léger que l'eau. Ils t'aident ainsi à flotter et te sécurisent.

FABRIQUE UN BATEAU

Si tu fais tomber une boule de pâte à modeler dans une bassine : elle coule. Avec une autre boule de la même taille, fais un bateau : il flotte. Ton bateau a une plus large surface que la boule de pâte à modeler. Il est donc plus léger, par rapport à son volume en eau, et il flotte.

La possibilité de flotter dépend de la forme d'un objet et de la matière dont il est fait. En général, les objets en métal ou en verre coulent. Les objets en bois flottent bien. Et si l'objet est plein d'air, il flotte mieux.

Lumière

Nous ne pouvons pas voir sans lumière. La lumière du jour nous vient du Soleil et voyage très vite dans l'espace. D'autres choses nous éclairent, comme le feu ou les ampoules électriques.

La Lune n'a pas de lumière propre, celle qu'on voit est le reflet des rayons du Soleil. Le Soleil est une énorme boule de gaz en ébullition qui produit de la lumière sans interruption.

Quand la lumière frappe une surface lisse et brillante, elle est réfléchie et tu vois alors ton reflet.

PROJETTE DES OMBRES

Éteins la lumière de ta chambre et demande à un copain d'allumer une lampe de poche. Place tes mains entre la lampe et le mur, en reproduisant les différentes positions indiquées. Tu verras les ombres de tous ces animaux.

Chien

Girafe

Oiseau

Jouez à tour de rôle pour projeter des ombres.

La lumière voyage en ligne droite. Elle ne contourne pas les obstacles. Si tu es devant le soleil, tu produis une ombre. À midi, quand le soleil est très haut, ton ombre est plutôt réduite.

Ton ombre est toujours plus longue tôt le matin ou tard dans l'après-midi.

Couleurs

La lumière du Soleil nous paraît incolore, mais c'est un mélange de couleurs. On peut les voir dans l'arc-en-ciel, quand la pluie la décompose et fait apparaître ses couleurs.

S'il fait beau, tu peux créer un arc-en-ciel avec un tuyau d'arrosage. Tourne le dos au soleil et arrose à faible jet. Tu verras les couleurs rouge, orange, jaune, vert, bleu, indigo et violet.

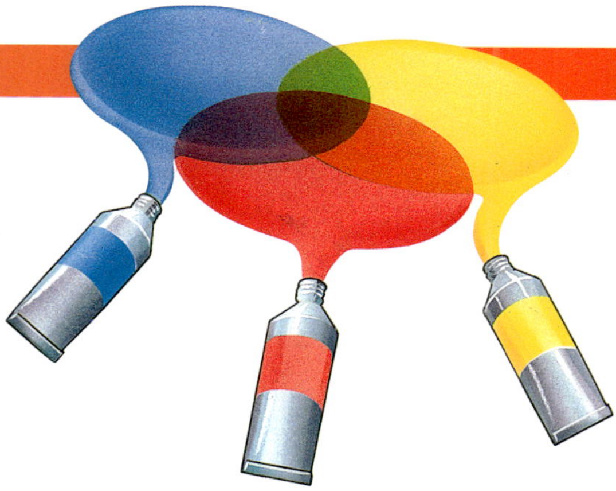

Le bleu, le rouge et le jaune sont les couleurs primaires en peinture. Avec elles, tu peux obtenir toutes les couleurs, sauf le blanc.

DES LUNETTES ROSES

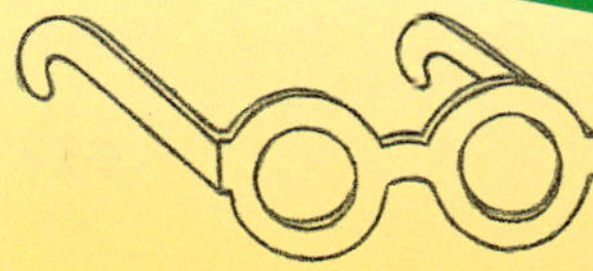

Dessine une monture de lunettes dans du carton. Tu peux t'aider d'une paire que tu trouveras chez toi afin de respecter les dimensions. Découpe-la et replie ses branches.

Scotche du cellophane rose d'emballage de bonbons à la place des verres. Colorie la monture avec des dessins amusants et chausse tes lunettes roses.

De nombreux animaux se servent de la couleur pour ne pas être vus par d'autres, qui pourraient les manger. Cet insecte a la même couleur que la feuille où il est posé. Il est donc difficile à repérer.

Les motifs colorés des ailes de ce papillon l'aident à attirer un partenaire. Ses taches bleues, comme des yeux, trompent les prédateurs, qui croient que ce n'est pas un papillon.

Mesurer le temps

Les montres et pendules dont on se sert sont très précises. Autrefois, les gens ne pouvaient compter que les jours et les nuits pour mesurer le temps qui passait. Puis de simples horloges furent inventées, à eau ou à sable.

Sur cette montre, le premier nombre indique l'heure, le second les minutes et le plus petit les secondes. Il y a 60 secondes dans une minute et 60 minutes dans une heure.

Un minuteur peut être un sablier. Le sable passe de la moitié supérieure à la moitié inférieure en trois minutes, par exemple. Pour le faire marcher, il faut le retourner afin de laisser le sable s'écouler. Les minuteurs sont très utiles en cuisine.

UNE HORLOGE À EAU

Demande à un adulte de faire un trou au fond d'un pot en plastique. Scotche des lacets et punaise-le sous une vieille table. Place un pot transparent sous le pot troué, puis verse de l'eau dans le pot du haut. À chaque minute, marque le niveau d'eau dans le pot du bas. Avec ces marques, tu peux mesurer les minutes.

Un cadran d'horloge a 12 nombres, un pour chaque heure. La petite aiguille indique les heures. Elle fait le tour du cadran deux fois par jour : il y a 24 heures dans une journée. La grande aiguille indique les minutes. Elle fait un tour complet toutes les heures, c'est-à-dire toutes les 60 minutes.

Les sons

Toutes sortes de sons nous entourent : des voix, de la musique, des bruits de circulation automobile. Tous les sons sont en fait des vibrations qui se propagent en tous sens très rapidement.

Le son peut aussi se propager dans des corps solides. Ce garçon entend sur la table les bruits que fait la fille avec la casserole.

Le son se propage dans l'air sous forme d'ondes. Quand quelqu'un te parle, il fait vibrer l'air. Ces vibrations de l'air parviennent à tes oreilles et tu entends ce qu'on est en train de te dire.

Dans ce simple orchestre domestique, chaque bouteille produit un son différent quand on le frappe avec un couvert. Plus il y a d'eau, plus le son est aigu.

VOIR LES SONS

On ne peut pas voir les ondes sonores, mais on peut voir leurs effets. Recouvre un saladier avec du papier d'aluminium, que tu fixeras avec un grand élastique. Verse quelques grains de riz sur ce tambour, puis tape sur un plat métallique à proximité. Les ondes sonores font danser le riz.

Le son se propage quatre fois plus vite dans l'eau que dans l'air. Sa portée est plus longue : il va plus loin. Les phoques peuvent s'entendre sous l'eau même si de grandes distances les séparent.

Le mouvement

Le mouvement a besoin d'une source d'énergie. Pour qu'un objet bouge, il faut une force qui le pousse. Cela peut s'obtenir de différentes manières.

Dans un véhicule, il y a un moteur qui brûle de l'essence. Cette combustion dégage l'énergie dont le véhicule a besoin pour avancer.

Les surfeurs se servent de l'énergie de la mer. Ils attendent une grosse vague et glissent dessus quand elle se brise. Ils sont poussés en avant par le mouvement de l'eau.

Ton énergie vient de la nourriture.
Quand tu fais du vélo, tu utilises les
réserves d'énergie de ton corps.
Pour ne pas être en panne d'énergie,
tu dois manger régulièrement.

Comme tous
les animaux,
ces kangourous trouvent
l'énergie dans leur nourriture.

Pour mettre en route une luge,
tu pousses de toutes tes forces.
Une fois lancée sur la pente,
la luge a assez d'énergie pour
continuer sa course toute seule.

Le poids

La Terre est comme un grand aimant : elle exerce une force d'attraction appelée gravité. Cette force retient tes pieds au sol et fait retomber une balle lancée en l'air. La gravité est aussi responsable du poids des choses.

À cause de la force de gravité, les pommes tombent de l'arbre dès qu'elles sont mûres et lourdes.

Quand tu te pèses, ou que tu pèses une pomme, la balance mesure en réalité la gravité qui tire la pomme et te tire, toi, vers le bas. Plus la force de gravité est grande sur un objet, plus il pèse lourd.

Cette balançoire est en équilibre quand le poids sur chaque extrémité est le même. Sur l'image, la balançoire ne peut pas bouger car le poids d'un côté est bien plus important que de l'autre. La petite fille se retire pour que le poids soit égal.

Si les enfants assis sur cette balançoire ont à peu près le même poids, ils peuvent sans effort la faire basculer de haut en bas.

Ce jouet se balance sans jamais tomber parce que son poids est réparti de manière égale. Quand il s'arrête, il reste debout, bien droit sur son centre de gravité.

Magnétisme

Les aimants attirent certains objets car ils ont une force magnétique. La plupart des métaux sont attirés par les forces magnétiques. Au contraire, le papier, le plastique et le bois ne sont pas attirés par l'aimant.

Objets attirés par les aimants

Objets qu'un aimant n'attire pas

Procure-toi différents objets dans la maison. Teste-les pour découvrir ceux qui sont attirés par un aimant.

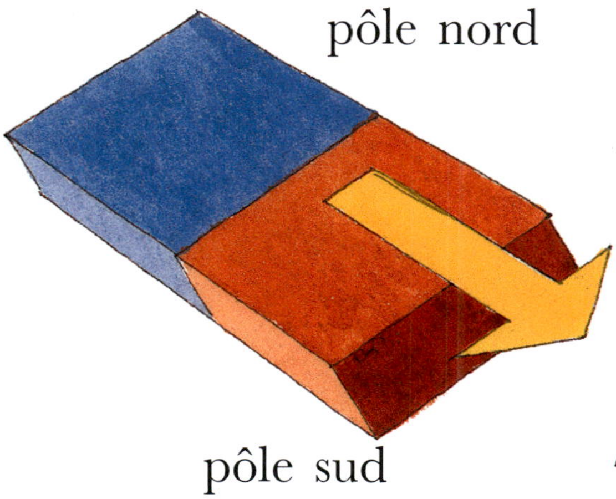

Un aimant a deux pôles : un pôle nord et un pôle sud. Les pôles opposés s'attirent : le pôle nord d'un aimant attire le pôle sud d'un autre aimant. En revanche, deux pôles de même nature se repoussent.

Dans les casses automobiles, on se sert d'énormes aimants attachés à des grues. Ils sont si puissants qu'ils soulèvent les voitures !

Électricité

L'électricité permet de produire de la chaleur et de la lumière, et fait fonctionner également divers appareils. Elle passe chez toi par les fils électriques. Il y a aussi de l'électricité dans les piles, mais en petite quantité.

Ce grille-pain marche à l'électricité. Les appareils électroménagers doivent être branchés sur une prise électrique. Fais attention quand tu manipules ce genre de choses !

Les fils électriques doivent former une boucle, sans coupure, pour que le courant passe. Quand l'ampoule est branchée à la pile, elle s'allume.

MONTE UN CIRCUIT SIMPLE

Place une ampoule dans une douille. Prends deux fils électriques et retire 1 cm de plastique à chaque bout. Attache l'extrémité de chacun aux vis de la douille. Fixe des trombones sur les deux autres extrémités et attache-les à la pile.

L'éclair que tu vois pendant un orage est une énorme étincelle d'électricité, mais pas comme celle de ta maison. Il s'agit ici d'électricité statique.

Au quotidien

Les nouvelles inventions de la science font partie de notre quotidien. Nos maisons sont pleines d'appareils qui nous facilitent la vie et qui ont été fabriqués par d'autres machines.

L'antenne de la radio capte des ondes pour transmettre les sons.

Autour de toi, il y a beaucoup d'objets en plastique et en d'autres matières synthétiques. Observe les appareils électriques chez toi. Sont-ils branchés ? Ont-ils une batterie rechargeable ou besoin de piles ? N'oublie pas de les éteindre quand tu ne t'en sers pas !

Ce réveil digital
marche avec des piles.

Tu te sers
peut-être d'un
ordinateur pour
faire tes devoirs,
jouer ou voir
des films.

Baskets dessinées
à l'ordinateur
et fabriquées
par une machine.

Index

Si tu veux des informations sur un sujet qui t'intéresse, cet index t'indique les pages où tu le trouveras dans ton livre.

a

b

c

d

e

f

g

h

i

j

k

l

m

n

o

Remerciements

Les éditeurs souhaitent remercier les artistes suivants pour leur contribution à cet ouvrage :

Hemesh Alles, Marion Appleton, Mike Atkinson, Craig Austin, Julian Baker, Julie Banyard, John Barber, Andrew Beckett, Tim Beer, Richard Bonson, Derick Bown, Maggie Brand, Derek Brazell, Peter Bull, John Butler, Martin Camm, Jim Channel, Robin Carter, Adrian Chesterman, Dan Cole, Jeanne Colville, Tom Connell, Joanne Cowne, Peter Dennis, Sandra Doyle, Richard Draper, Brin Edwards, Colin Emberson, Diane Fawcett, James Field, Michael Fisher, Chris Fobey, Chris Forsey, Andrew French, Terence J. Gabbey, Peter Goodfellow, Ruby Green, Ray Grinaway, Terry Hadler, Nick Hawken, Tim Hayward, Karen Hiscock, David Holmes, Steve Holmes, Adam Hook, Christian Hook, Liza Horstman, Biz Hull, Mark Iley, Ian Jackson, Rob Jobson, Kevin Jones, Pete Kelly, Roger Kent, Tony Kenyon, David Kerney, Deborah Kindred, Steve Kirk, Mike Lacey, Stuart Lafford, Terence Lambert, Ruth Lindsay, Bernard Long, Chris Lyon, Kevin Maddison, Alan Male, Adam Marshall, Josephine Martin, David McAllister, Doreen McGuiness, Eva Melhuish, Steve Noon, Chris Orr, Nicki Palin, Darren Pattenden, Bruce Pearson, Liz Pepperell, Jane Pickering, Maurice Pledger, John Potter, Nigel Quigley, Sebastian Quigley, Elizabeth Rice, John Ridyard, John Rignall, Gordon Riley, Bernard Robinson, Eric Robinson, Eric Robson, Mike Roffe, David Russell, Mike Saunders, John Scory, Stephen Seymour, Rob Shone, Guy Smith, Clive Spong, Mark Stewart, Charlotte Stowell, Lucy Su, Treve Tamblin, Myke Taylor, Ian Thompson, Jean Paul Tibbles, Chris Turnball, Richard Ward, Ross Watton, Phil Weare, Rhian West James, Steve Weston, Lynne Willey, Ann Winterbotham, David Woods, Dan Wright, David Wright

Tous les efforts ont été faits pour citer les artistes dont le travail apparaît dans ce livre. Les éditeurs s'excusent pour toute omission involontaire. Nous serons heureux de compléter les remerciements dans une prochaine édition.